橋爪大三郎
Hashizume Daisaburo

筑摩選書

皇国日本とアメリカ大権

日本人の精神を何が縛っているのか?

Imperial Japan And American Prerogative
by
Daisaburo Hashizume
Chikumashobo Ltd. Tokyo Japan 2020:03

皇国日本とアメリカ大権　目次

第Ⅱ部　天皇親政とアメリカ大権 ―― 135

凡例

一、書籍等からの引用は、《　》で示した。

二、引用は、原文が旧字旧仮名である場合、原則としてそのまま引用した。読み仮名がある場合は、（　）内にそれを示した。

三、引用文中の漢字は、原文通りであることを原則としたが、新たに作成しなくてはならなくなる字体は、その限りではない。

四、難読字には読者の便宜を考え、現代仮名遣いで読み仮名を振った。

五、引用文の末尾に5fとあるのは、五ページと次のページ、8ffとあるのは、八ページとそれに続く数ページ、の意味である。

皇国日本とアメリカ大権

日本人の精神を何が縛っているのか？

序論 『國體の本義』の恐ろしさ

忘れられた本

『國體《こくたい》の本義《ほんぎ》』という本が、あった。

『國體の本義』（以下『本義』とも表記）という本があった、と知っているひとのほうが、いまや圧倒的に少数だろう。もはや完全に忘れられた本、と言ってよい。

でもかつて、この本はとても重要だった。ただのベストセラーではない。それを超えた、「聖典」だった。文部省が編纂し、出版し、日本中の学校で教えられた。教室では、無条件に「正しい」と教えられる。当時の人びと、特に若者の心に、刻み込まれたはずだ。

この本は国家神道の、『公教要理』（＝カテキズム、すなわち、キリスト教の教理を簡潔にまとめた本）にもあたる書物である。

総力戦に備えて

『國體の本義』の奥付によると、「昭和十二年三月二十五日印刷、昭和十二年三月三十日發行《はっこう》」とある。新学期に間に合うように、用意されたことがわかる。

昭和十二年は、一九三七年。七月には日支事変（中国での軍事衝突）が始まるなど、時代は急展開していく時期である。

当時の出来事を、年表に整理してみる。

一九三五（昭和十）年二月　天皇機関説事件
一九三五（昭和十）年八月、十月　岡田内閣、国体明徴声明（第一次、第二次）
一九三六（昭和十一）年二月　二・二六事件
一九三七（昭和十二）年三月　『國體の本義』発行
一九三七（昭和十二）年七月　支那事変勃発（盧溝橋）
一九三七（昭和十二）年十月　国民精神総動員運動開始（近衛内閣）
一九三八（昭和十三）年四月　国家総動員法成立
一九三九（昭和十四）年五月　ノモンハン事件
一九三九（昭和十四）年九月　第二次世界大戦勃発（ポーランド侵攻）
一九四〇（昭和十五）年九月　日独伊三国同盟
一九四〇（昭和十五）年十月　大政翼賛会発足
一九四一（昭和十六）年三月　『臣民の道』発行
一九四一（昭和十六）年四月　国民学校発足
一九四一（昭和十六）年十二月　大東亜戦争勃発（真珠湾）

きわめて短時間のうちに、情勢が動いていることがわかる。

＊

当時、各国は、総力戦を準備していた。

時代を変えたのは、第一次世界大戦（当時の言い方では、欧州大戦）だった。偶発的に始まった戦争が、欧州の主要国を巻き込み、工業力のすべてをかけた長期戦になった。その教訓から、装備の近代化、総力戦に備えた工業力の拡充と社会変革が進められた。

日本は第一次世界大戦をパスするかたちになったので、この巨大な変化を肌身で感じたというわけではない。それでも、経済力に見合わない背伸びをして、軍備を増強し、戦時体制を整えようとした。昭和の「総動員体制」である。

＊

『國體の本義』はこうした流れを受けて、政府・文部省が、国体についてまとめた書物である。全一五六ページ。コンパクトに書かれていて、そう分厚い本ではない。

一九四一年三月には、『國體の本義』を受けた短縮版とも言うべき、『臣民の道』が、同じく文部省から発行されている。

『國體の本義』の解説書

『國體の本義』は、内容のレヴェルが高く、それなりに難解である。

そこで、解説書が出版された。三浦藤作『國體の本義 精解《せいかい》』（以下『精解』）である。昭和十二年七月、東洋圖書《としょ》株式合資會社。手元の版には、昭和十四年二月の五訂正増補八十五版とある。短期間に版を重ねており、日本全国で広く需要されたことがわかる。

内容は、『國體の本義』の本文を掲げて、難読語句すべてに語釈を加え、本文中の引用について説明し、本文の趣旨を要約するなど、まさに解説書（教師用の虎の巻）である。三八七ページ＋索引一五ページと、『國體の本義』の三倍になっている。

中学校の教授要目

三浦藤作『精解』の緒論《しょろん》の「參考《さんこう》」に、「改正中等諸學校の教授要目《ようもく》」が載っている。昭和十二年三月に改正されたもので、《國體の本義の明徵《めいちょう》〔1〕、國民《こくみん》精神の涵養振作《かんようしんさく》〔2〕に深き注意が拂《はら》はれてゐる》（三浦・6）という。「中等諸學校」とあるのは、師範学校、中学校、高等女学校・実科女学校、実業学校、をいうようである。

＊

中学校の教授要目の一部を紹介しよう。

修身の項にはこうある。《修身ハ教育ニ關《かん》スル勅語ノ旨趣《ししゅ》ヲ奉體《ほうたい》〔3〕シテ我ガ國體ノ本義ヲ明徵ニシ國民道德ヲ會得《えとく》セシメ實踐躬行《じっせんきゅうこう》〔4〕ニ導クコトヲ要ス》（三浦・9）

公民科の項にはこうある。《公民科ニ於《お》テハ我ガ國民ノ政治生活、經濟《けいざい》生活及社會《しゃかい》生活ニ關スル事項ヲ會得セシメ殊《こと》ニ我ガ國ノ特質ト是等《これら》ノ生活トノ關係《かんけい》ヲ明確ニシテ以《もっ》テ日本臣民タルノ信

〔1〕**明徵**　はっきりと証明すること。〔2〕**振作**　勢いを盛んにすること。〔3〕**奉體**　承って、よく心にとどめ、また実行すること。〔4〕**躬行**　自分から実行すること。

念ト憲政治下ノ國民タルノ資質トヲ養成スルコトヲ要ス》（三浦・9）

歴史のうち、国史の項にはこうある。《肇國《ちょうこく》[5]以来ノ國民精神ガ國史ヲ一貫シテ總《すべ》テノ人文ニ顯《けん》現《げん》セルコトヲ明《あきらか》ニシ以《もっ》テ國體ノ本義ヲ明徴ニスベシ／常ニ御歴代ノ聖徳ト國民ノ忠誠トヲ明ニシ國民精神ノ涵養ニ資スベシ》（三浦・10）

そのほかのさまざまな教科もみな、国体を中心に授業を組み立て教えるよう、詳しく義務づけられている。

『國體の本義』が実際にどのような考え方（イデオロギー）であって、どのように教えられたのか。その実際については、第Ⅰ部で、詳しくみていこう。

国体明徴運動

さて、なぜ当時、政府（文部省）は、国体とは何であるかについての、「決定版」を編集したのか。そして、日本中の学校で教えたのか。そうしなければならなかった背景を、押さえておきたい。

＊

『國體の本義』は、国体明徴《めいちょう》運動と連動している。このことを、まず押さえなければならない。

国体「明徴」とは、国体が何であるのか、はっきりさせること。それを進めようという運動が、国体明徴運動である。

――こう聞くと、国体のことをよく理解していない人びとが一部にいるので、この際、はっきり教えてあげましょう、という運動のように聞こえる。そうではない。

国体明徴とは、誰にとってもぼんやりしていた国体の概念を、はっきりさせる。もっと踏み込んで言えば、ゼロからつくりあげる。「国体とはこういうものです」と決めて、前からそうだったことにしてしまう。そういう運動なのである。

本来、疑問に思わなければならないところで、疑問に思うことを許さない。こういう運動を、イデオロギーという。

天皇機関説

国体明徴を求める空気は、しばらく前から伏流していた。

それがはっきり運動としてかたちをとったのは、天皇機関説事件がきっかけである。

＊

一九三五年二月一八日、貴族院の菊池武夫議員が、天皇機関説非難の口火を切った。攻撃の標的となったのは、美濃部達吉博士。争点は、天皇が国家の主体なのか、それとも機関なのか。帝国憲法のもとで、天皇は国家の機関であると説いていたのが、美濃部博士である。美濃部博士は釈明したが、結局、貴族院議員を辞職しなければならなかった。

天皇機関説は、美濃部博士ひとりが唱えている学説ではない。むしろ、学界の通説であった。

〔5〕**肇國**　新しく国家を建てること。

どの大学でも、美濃部博士の説くように、帝国憲法を教えていた。

国体明徴運動は、この通説を攻撃し、打倒してしまったのである。

＊

天皇機関説は、帝国憲法を解釈する、ひとつの学説である。これを攻撃して、打倒するには、もうひとつ別な学説を対置しなければならない。

それは何か。天皇親政説である。

天皇親政説をとる人びとを、皇道派と呼ぶことができる。

二・二六事件を起こしたのは、皇道派の青年将校だった。皇道派は、統制派と対立し、事件を機に陸軍からパージされてしまった、と歴史の教科書に書いてある。たしかに陸軍内部には、皇道派とよべるほどのグループが存在した。けれども、皇道派は、陸軍内部の派閥を超えて、もっと大きな影響力をもった。統制派とよばれる陸軍の主流も、根本のところでは皇道派と認識を共有している。そして、あとで確認するように『國體の本義』も、皇道派としての性質をそなえているのである。

＊

天皇親政説はとれない、機関説以外にありえない、というのが従来の憲法学の通説であった。

国体明徴運動は、これをひっくり返した。

よって、国体明徴運動は、天皇親政説に立っていると言ってよい。でも、それを「説」だとは認めないのが、国体明徴運動だ。説なら、とってもとらなくてもよい。説でないなら、すべての国民に強制することができる。国体明徴運動は、自分が「説」であることを隠している。そのことによって、イデオロギーなのである。

なぜ国体明徴なのか

国体明徴運動は、正体不明の切迫感のようなものを、底流にしている。

この切迫感は、時代のなかでひしひしと生まれてくるものだ。時代が過ぎ去ると、わからなくなってしまう。そのときには、確かに、日本国全体を包む巨大な無意識だった。この無意識の正体を、とらえる必要がある。

*

国体明徴運動はいっぽうで、『國體の本義』に結実した。そして教育の場で、人びとの思考と行動を、一定のパターンにかたちづくる役割を担った。教育を所管するのは、文部省である。よって、文部省が主導した。

もういっぽうで、物資そのほかを国家統制する、総動員体制に結実した。物資を所管するのは、経済部門である。よって、企画院そのほかの経済官庁が、これを主導した。

要するに、人的・物的資源を、戦争に動員し投入するための、準備である。国体明徴運動は、日本をまるごと戦争に動員するための運動であった。

＊

このことはいちおう、どんな歴史の教科書にも書いてある。しかしその奥底にある、人びとの生きた内実を再現することが大切だ。『國體の本義』が、なぜ人びとをそのように駆り立てるのか。

『國體の本義』の恐ろしさ

昭和の総動員体制は、法令などさまざまな強制手段をそなえている。けれどもそのことより大事なのは、人びとが主体的・積極的に、自ら進んでこの体制に献身していく仕組みが、用意されていることである。

その仕組みを提供するのが、『國體の本義』だ。『國體の本義』が提供するのは、世界観である。この世界を理解し、この世界に立ち向かう、「正しい考え方と行動の原理」である。『國體の本義』は、「正しさ」を生み出す。そのなかに、日本国のすべての人びとをまきこむ。このようなイデオロギー装置を、明治維新から六〇年、日本は自力でつくり出したのだ。

＊

『國體の本義』の恐ろしさは、第一に、それが緊密に連関する概念の体系でできていて、人びとをそこに絡めとることができることだ。人びとの思考はその内部をぐるぐる回って、その外に出ることができない。

これは、洗脳そのものである。洗脳は、洗脳されるときには、洗脳されているという意識があるかもしれない。しかし、洗脳が完了すると、その意識がなくなる。それはあたかも、催眠術にかかるときは、これからかけますよ、と聞いてそれを意識できるが、かかってしまえば、それが無意識になり、意識できなくなるようなものだ。

しかしこれは、夢遊病のような状態ではない。人びとは、覚醒しており、意識と理性を働かせ、正しいと思う考えに従い、正しく行動している。その全体が、操作の結果である。操作マニュアル（『國體の本義』）が目の前にあるので、それが操作であることが明らかであっても、それを抜け出すことができない。

*

恐ろしさの第二。『國體の本義』が、世界のさまざまな情報を読み解く「万能カギ」（世界解釈枠組み）の役目を果たし、この世界観が優れているという感覚を与えることだ。

世界観が「優れている」という感覚は、ふたつの要素によって成り立つ。ひとつは、それが普遍的であって、世界を残らず説明できること。もうひとつは、その反対に、それが特殊（特別）であって、ほかにはない優位をもっていること。この相反するふたつの性質が、そなわっているのである。

こうして『國體の本義』の与える世界観は、人びとが生命を賭けて悔いない、意味と価値とを提供する。

皇国主義

『國體の本義』の与える世界観には、名前がついていない。

ある角度から言えばそれは、天皇親政説である。あるいは、皇国史観である。あるいは、皇民教育である。またあるいは、東亜新秩序である。あるいは、大東亜共栄圏である。あるいは、八《はっ》紘一宇《こういちう》である。あるいは、惟神《かんながら》の道である。…。

なぜ全体としての世界観に、名前がないのか。誰かがつくり出した信念の体系ではなく、人びとの選択の対象としての信念の体系でもないからである。否応なしに、人びとに押しつけられる。だから、名前がない。名前がないのは、この世界観にとって本質的なことなのである。

*

ではどのように、それは生まれたのか。

それは政府の、行政指導によって生まれた。

国体はすでに、存在する。国体をどう理解すればよいかについて、さまざまの理解と混乱がある。それでは困る。そこで、教育の現場において、このような考え方に従うべきだ。そう、行政当局（文部省）が考えて、行政権限をもって、教育現場にその考えを伝達した。現場はそれに、従わなければならない。生徒はそれを、学ばなければならない。この世界観は行政権限によって裏打ちされている。

そこで便宜のため、『國體の本義』の世界観に、名前をつけよう。「皇国主義」と。

行政は権限をもっているかもしれないが、官僚組織である。世界観をうみだしたりする能力があるわけではない。

＊

そこで実際には、ブレーンとなる学者が集まって、原稿を書き上げる。橋田邦彦（生理学者。第一高等学校校長、文部大臣を務める）ら、当時の有力者が編纂に関わったという。匿名の人びとの合作である。そして、かなりレヴェルの高い著作をつくりあげた。

マルクス主義、ナチズムと張り合う

『國體の本義』が対抗しているのは、マルクス主義である。

レーニンがロシア革命を成功させた。マルクス主義は、ただの思想でなく、この世界の現実的な勢力になった。

世界共産党（コミンテルン）の日本支部として、日本共産党が結成された。治安維持法によって摘発され、組織は壊滅させられた。だが、知識階層に対する影響力は圧倒的だった。マルクス主義はまず、科学的・合理的である。科学的社会主義を名のっている。そして、体系的・全体的である。経済学、哲学、歴史学、政治学、…を包括している。

『國體の本義』の皇国主義は、これに張り合う程度に、科学的で体系的でなければならない。

＊

ほかに対抗するものとして、ドイツのナチズムがある。

ナチズムはマルクス主義ほど、科学的でも体系的でもない。けれども、政権を奪取し、独裁を固め、ヨーロッパの新秩序と覇権を手にしようと目覚ましく活動している。そして、特異な世界観にもとづいて、政府を操り、宣伝を通じて国民を掌握し、英米を相手に互角に渡り合っている。マルクス主義ほど完璧なイデオロギーでないかもしれないが、ドイツを強盛に導いている。だからナチズムを、意識しないわけにはいかない。

もちろん英米流の自由主義とも、対抗しなければならない。

＊

こうして、求められるのは、マルクス主義やナチズムに匹敵し、政治や経済や軍事や外交や、歴史や哲学や科学や文化や…を、包括する思想なのである。

こうしてできた『國體の本義』の皇国主義。それは、一九三〇年代の時代状況・世界情勢に合わせて、急ごしらえされた思想である。そして、それをごまかすかのように、古代から連綿と続く伝統に根ざしたものという、外見を与えられている。

ロマン主義的総合

では『國體の本義』の皇国主義の、どこが急ごしらえで新しいのか。

『國體の本義』は、つぎのふたつを貼り合わせたものである。

a．大日本帝国憲法
b．天皇親政説（アンチ天皇機関説）

これは、奇妙である。もともと大日本帝国憲法は、天皇機関説とペアになるようにできているからである。

天皇親政説と組み合わさることで、大日本帝国憲法の文言の意味が、異なってくる。新しく書き換えられるのと、同じ効果がある。これが、「急ごしらえで新しい」の意味だ。

＊

加えて、つぎの要素も、『國體の本義』の世界観は、含み込まなければならない。

c．日本神話（とりわけ、天照大神《あまてらすおおみかみ》の神勅）
d．日本の歴史（とりわけ、神武創業、建武中興、王政復古）
e．五箇条の御誓文
f．軍人勅諭
g．教育勅語

神話と歴史を接続させることを、ロマン主義という。

日本の歴史を神代《かみよ》から始まると教える学校教育は、ロマン主義的である。『國體の本義』は、それをグレードアップして、全体的な知のシステムとする。a〜gを一体として、ナショナリズムをロマン主義的に総合するのだ。

＊

さらに加えて、つぎの要素も、含み込まなければならない。

h．自然科学

i．資本主義経済

j．欧米の人文学・社会科学

これらは日本が、まともな近代社会として歩んでいくために必須で不可欠のもの。合理的で普遍的で、世界の国々の共通項である。これらと、bや、c〜gは、折り合いが悪い。

＊

このほかに、

k．日本の古典

『國體の本義』には、引用が多い。昔の天皇の勅語や万葉集の歌からはじまって、山崎闇斎《やまざきあんさい》、浅《あさ》見《み》絅斎《けいさい》、山鹿素行《やまがそこう》、頼山陽《らいさんよう》、会澤正志斎《あいざわせいしさい》らの儒者たち、本居宣長《もとおりのりなが》や平田篤胤《ひらたあつたね》といった国学者たち、数多くの思想家や文芸家が言及され引用される。およそ日本の知識階層が触れるであろう知的世界が、すっぽり収められている。

＊

これらを継ぎ目が見えないようにまとめあげる、アクロバットのような離れわざが、『國體の本義』にほかならない。

こうしてできあがった皇国主義は、合理性と非合理性が組み合わさった結果、「全体として非合理」なものになる。これが、日本が非合理な進路に突き進んで破滅を迎えた、ほんとうの原因である。

洗脳は解けたのか

『國體の本義』の皇国主義は、学校教育を通じて、またあらゆるメディアを通じて、日本の人びとにふりまかれた。それは、完結した思考のシステムとして、人びとをとらえる。

皇国主義でものを考えると、知的に優位であるような感覚がわいてくる。およそ知識階層がふつうに手をのばす範囲の素材が、残らず盛り込まれているからだ。また、道徳的に優位であるような感覚がわいてくる。日本は世界で唯一の「選ばれた国」なのだ。このように考えることは、正しい。そして、善い。この信念にもとづいて、全力で生き、献身し、国を支えるのは正当なことなのだ。

昭和の総動員体制は、皇国主義でものを考える人びとによって、支えられていた。

*

戦争に敗れ、この体制は崩壊した。陸海軍は解体され、憲法は改正された。農地解放や財閥解体など、戦後改革が進められた。

　では、『國體の本義』の皇国主義は、どうなったか。皇国主義は、効力を失った。そして社会の表面から消えた。だが、その洗脳は解かれたのだろうか。

＊

『國體の本義』の皇国主義が洗脳であったとすれば、脱洗脳をすませない限り、その洗脳の効果は残ってしまう。人びとの思考や行動を支配し、しかも当人がそのことに気がつかない。それが、『國體の本義』の恐ろしさだ。

　では、脱洗脳をするには、どうすればよいか。

『國體の本義』のテキストと、正面から向き合うことである。その論理構造を取り出し、皇国主義の秘密をあばき、その隠れた本質を意識化することである。皇国主義のＯＳ（オペレーション・システム）が、コンピューター・ウィルスのように、自分の思考メカニズムのどこかに、巣くっていないかチェックすることである。

＊

　本書はこれを、課題にする。

『國體の本義』と対決することは、日本の戦後を、ほんとうの意味で終わらせることである。そして日本を、国際社会の正常なメンバーとして、登場させることである。

第Ⅰ部

『國體の本義』を読む

国体という呪縛

大東亜戦争の末期、戦況はもはや絶望的で、ポツダム宣言（無条件降伏）を受諾する以外ない状況だった。それでも最高戦争指導会議で、最後まで議論になったのは、果たして「国体が護持できるかどうか」だった。その点を連合国に照会すると、「日本国民の自由に表明される意思によって決めてよい」との回答があった。それでよいではないかと、降伏が決まった。

これほどまで、人びとが重視した「国体」。国体とは、何だろう。

*

国体とは、国がら。国の成り立ち、とかいった意味であろう。強いて英語に直してみるなら、constitution かもしれない。

けれども constitution の訳は、憲法と決まっている。憲法と国体では、日本語としては違った言葉である。国体は、憲法をはみ出す内容をもっている。

当時の人びとは、国体と言えば、そのイメージがはっきり結ぶように思っていた。だからポツダム宣言を受諾する際に、最後まで議論になった。しかし敗戦を境に、そのイメージはぼやけてしまい、敗戦によっても国体は維持されたのかどうか、はっきりしない。そもそも国体が維持されたのかどうかなど、誰も気にしなくなった。

それほど人びとを縛っていた国体の観念が、なぜ、ほどけてしまったのだろう。

会澤正志斎の『新論』

「国体」は、そんなに古い言葉ではない。

最初の用例のひとつが、会澤正志斎の『新論』だと言われる。

会澤正志斎は儒者で、後期水戸学に連なる。水戸藩沖で難破した英国船の船員を尋問して危機感を抱き、国防の強化を訴える『新論』を著した。内容が不適当であると、後年に刊行されるまで未発表の稿本のままだった。執筆は一九世紀前半である。

この稿本のなかに、「国体」の言葉が出てくる。国防の訴えは、守るべき日本はなにかという自覚をもたらす。国体は、日本国独自の国のなりたち、というほどの意味で用いられている。

幕末期、『新論』はよく読まれる書物となった。「国体」という言葉も、尊皇攘夷派のキーワードのひとつとなり、論者がめいめいの理解をこの言葉に盛り込んで、厚みのある概念に育って行った。

その「国体」概念が、新たな文脈で復活したのが、国体明徴運動である。

『國體の本義』の構成

『國體の本義』は、国体について論じる書物である。当然そこには、国体の定義が書かれている。それを確認することから、まず始めたい。

*

『國體の本義』の目次は、つぎのようになっている。

第一の「大日本國體」が、国体の概念を扱う中心部分である。
第二の「國史に於ける國體の顯現《けんげん》」は、国体が、日本の歴史を通じて発現していくありさまを、社会生活のさまざまな領域を通して確認していくもの。いわば応用編にあたる。

*

『國體の本義』は複数の学者が、分担執筆したものであるとみられる。緒言《しょげん》と第一部（の前半部分）が、もっとも力が入っている。そこで、この部分を集中的に読み解くことを、まず試みよう。

1・1　天壌無窮の神勅

国体について

『國體の本義』緒言から、国体についてのべている部分を抜き出してみる。
仏教、儒教の受容については、こうのべる。《…支那・印度に由來《ゆらい》する東洋文化は、我が國に輸入せられて、惟神《かむながら》〔1〕の國體に醇化《じゅんか》せられ、…》（1）
明治維新このかたの発展に関連しては、こうのべる。《…國體の本義は、動《やや》もすれば透徹せず、學問《がくもん》・教育・政治・經濟《けいざい》その他國民生活の各方面に幾多の缺陷《けっかん》を存し、…種々の困難な問題を生

〔1〕**惟神**　神慮のまま。

じてゐる。》（2）
教育勅語に関連しては、こうのべる。《…欧米《おうべい》文化輸入《ゆにゅう》のいきほひの依然として盛んなために、この國體に基づく大道《だいどう》の明示せられたにも拘《かかわ》らず、未《いま》だ消化せられない西洋思想は、その後も依然として流行を極めた。》（4 f）
民主主義、社会主義、共産主義、ファシズムなどの思想が流入した影響については、こうのべる。《…遂《つい》に今日我等《こんにちわれら》の當面《とうめん》する如《ごと》き思想上・社會上の混亂《こんらん》を惹起《じゃっき》し、國體に關する根本的自覺《じかく》を喚起《かんき》するに至つた。》（5）
欧米の混乱と対照して、日本についてこうのべる。《…我が國に關する限り、眞《しん》に我が國獨自《どくじ》の立場に還《かえ》り、萬古不易《ばんこふえき》の國體を闡明《せんめい》し、…益〻欧米《おうべい》文化の攝取醇化《せっしゅじゅんか》〔2〕に努め、…聰明《そうめい》にして宏量《こうりょう》なる新日本を建設すべきである。》（6）
続けて、こうものべる。《…今日我が國民の思想の相剋、生活の動揺、文化の混亂は、我等國民がよく西洋思想の本質を徹見《てっけん》〔3〕すると共に、眞に我が國體の本義を體得《たいとく》することによつてのみ解決せられる。》（6）
さらに、こうものべる。《…こゝに我等の重大なる世界史的使命がある。乃《すなわ》ち「國體の本義」を編纂《へんさん》して、肇國《ちょうこく》の由來を詳《つまびら》かにし、その大精神を闡明《せんめい》〔4〕すると共に、國體の國史に顯現《けんげん》する姿を明示し、進んでこれを今の世に說き及ぼし、以《もっ》て國民の自覺と努力を促す所以《ゆえん》である。》（6 f）

総じて、緒言では、国体は所与の概念として言及されており、踏み込んだ議論が組み立てられているわけではない。

国体の定義

これに対して、「第一　大日本國體」の「一　肇國」は、国体について、定義を含む本格的な議論をのべている。最初の段落を、そのまま掲げておこう。（ちなみに、肇国《ちょうこく》とは、国を始める、という意味である。）

1.《大日本帝國は、萬世一系《ばんせいいっけい》の天皇皇祖の神勅《しんちょく》〔5〕を奉じて永遠にこれを統治し給《たま》ふ。これ、我が萬古不易の國體である。而《しこう》してこの大義に基づき、一大家族國家として億兆一心聖旨を奉體《ほうたい》して、克《よ》く忠孝の美徳を發揮《はっき》する。これ、我が國體の精華《せいか》とするところである。この國體は、我が國永遠不變《ふへん》の大本《たいほん》であり、國史を貫いて炳《へい》〔6〕として輝いてゐる。而《しこう》してそれは、國家の發展《はってん》と共に彌〻《いよいよ》鞏《かた》く、天壤《てんじょう》〔7〕と共に窮《きわま》るところがない。我等は先《ま》づ我が肇國《（てうこく）》の事實《じじつ》の中に、この大本《たいほん》が如何《いか》に生き輝いてゐるかを知らねばならぬ。》（9）

なかなか味わいぶかい名文なので、じっくり二回は読んでほしい。

〔2〕**醇化**　余分なものを取り除いて、純粋にすること。『精解』の註曰く「雑駁な知識をまとめて組織統一すること」。〔3〕**徹見**　見通すこと。〔4〕**闡明**　不明瞭だった道理や意義を明らかにすること。〔5〕**神勅**　天照大神が皇孫瓊瓊杵尊を下界に降す時に神宝とともに授けた言葉。〔6〕**炳**　明らかなさま。〔7〕**天壌**　天と地。

最初の二文に、国体の定義がはっきり書かれている。まずそれは、

a．日本国（大日本帝国）の体制である。

それは、

b．（万世一系の）天皇が、

c．皇祖の神勅を奉じて、

d．（日本国を）統治する、

もので、

e．永遠に不変（万古不易）である。

ここでの定義に従えば、これだけの条件は、国体にとって、欠かせないものである。もっとも、これは国体のほんの骨格で、あとでもっと肉付けされることになる。

＊

そこでまず、この骨格に注目し、「皇祖」とは何か（c）、そして、皇祖の「神勅」とは何か（c）、を理解しなければならない。

天照大神の神勅

皇祖とは、天照大神のことである。皇祖の神勅は、小学校で教える内容で、当時の人びとはみな知っていた。

2.《我が肇國は、皇祖天照大神《(あまてらすおほみかみ)》が神勅を皇孫瓊瓊杵《(ににぎ)》ノ尊《みこと》に授け給《たま(も)》うて、豊葦原《とよあしはら》の瑞穂《(みづほ)》の國[8]に降臨せしめ給うたときに存する。而《しこう》して古事記・日本書紀等は、皇祖肇國の御事を語るに當《あた》つて、先づ天地開闢《かいびやく》・修理固成《しゆうりこせい》[9]のことを傳《つた》へてゐる。》(9 f)

イ. 天照大神が、孫の瓊瓊杵尊に、神勅を授けた。

ロ. 瓊瓊杵尊が、豊葦原の瑞穂の国に降臨した。

この時点が、日本の国の始まりであるとする。

ここで「神勅」が、大事である。神勅についてはあとで、じっくり議論しよう。

神代七代

この箇所に続いて『國體の本義』は、古事記、日本書紀を交互に引用し、神々が天地のはじまりにどのように関わったかを整理している。これも、当時の日本中の小学生が教わった内容だ。

3.《天地《(あめつち)》の初發《(はじめ)》の時、高天《(たかま)》ノ原《(はら)》[10]に成《な》りませる神の名《(みな)》は、天之御中主《(あめのみなかぬし)》ノ神、次に高御産巣日《(たかみむすび)》ノ神、次に神産巣日《(かみむすび)》ノ神、この三柱の神はみな獨神《(ひとりがみ)》成りまして、身《(みみ)》を隠したまひき。》(10)

(古事記)

〔8〕**豊葦原の瑞穂の國** 日本国の美称。〔9〕**修理固成** つくり固めること。〔10〕**高天ノ原** 日本神話で、神々が住んでいたという天上界。

…天之御中主《あめのみなかぬし》ノ神、高御産巣日《たかみむすび》ノ神、神産巣日《かみむすび》ノ神、の三柱の神が現れたが、独神《ひとりがみ》であったので、身を隠してしまった。

4.《天《あめ》先《ま》づ成りて地《つち》後に定まる。…その時天地の中に一物生《ひとつのものな》れり。状葦牙《かたちあしかび》(11)の如し。便《すなわ》ち化為《な》りませる神を國常立《くにのとこたち》ノ尊と號《まを》す。》(10)(日本書紀)

…日本書紀では、国常立尊《くにのとこたち》が最初に現れたとしている。

こうした《傳承《でんしょう》は古來の國家的信念であつて、我が國は、かゝる悠久なるところにその源を發《はっ》してゐる。》(10f)のだという。

5.《而して國常立《くにのとこたち》ノ尊を初とする神代七代の終に、伊弉諾《いざなぎ》ノ尊・伊弉冉《いざなみ》ノ尊二柱の神が成りましたのである。古事記によれば、二尊は天ッ神諸〻《もろもろ》の命《みこと》もちて、漂へる國の修理固成の大業を成就し給うた。》(11)

すなわち、

6.《是に天ッ神 諸《もろ〳〵》の命《みこと》以《も》ちて、伊邪那岐ノ命、伊邪那美ノ命二柱の神に、この漂へる國を修理《つく》り固成《かためな》せと詔《の》りごちて、天《あま》の沼矛《ぬぼこ》(12)を賜《たま》ひてことよさしたまひき。》(11)(古事記)

…天ツ神々の命令によって、イザナギ、イザナミの二神が、国をつくり固めなすことになった。

その際、矛(武器の一種)を与えられた。

*

「神代七代」は、天地のはじめに現れた神々であるが、古事記と日本書紀では名前が異なっている。

古事記では、天之御中主《あめのみなかぬし》ノ神《かみ》／高御産巣日《たかみむすび》ノ神《かみ》／神産巣日《かみむすび》ノ神《かみ》／宇摩志阿斯訶備比古遅《うましあしかびひこじ》ノ神《かみ》、天之常立《あめのとこたち》ノ神《かみ》の五柱を「別天ツ神」（ことあまつかみ）といい、続けて、國之常立《くにのとこたち》ノ神《かみ》／豊雲野《とよくもぬ》ノ神《かみ》／宇比智邇《うひじに》ノ神《かみ》・須比智邇《すひじに》ノ神《かみ》／角材《つぬぐい》ノ神《かみ》・活材《いくぐい》ノ神《かみ》／意富斗能地《おおとのじ》ノ神・大斗乃弁《おおとのべ》ノ神／游母《おも》陀琉《だる》ノ神・阿夜訶志古泥《あやかしこね》ノ神／伊邪那岐《いざなぎ》ノ神《かみ》・伊邪那美《いざなみ》ノ神《かみ》、を神代七代《かみよななよ》という（後半の五代は、夫婦の神である）。（三浦・54）

天照大神

『國體の本義』は続けて、イザナギとイザナミの国産みの物語を続けて紹介する。

7．《かくて伊弉諾《いざなぎ》ノ尊・伊弉冉《いざなみ》ノ尊二尊は、先づ大八洲《おおやしま》〔13〕を生み、次いで山川・草木・神々を生み、更にこれらを統治せられる至高の神たる天照大神を生み給うた。》（11）

すなわち、

8．《此の時伊邪那岐ノ命大《いた》く歓喜《よろこ》ばして詔《の》りたまはく、吾《あれ》は子《みこ》生み生みて、生みの終《はて》に、三貴子《みはしらのうづのみこ》得たりと詔りたまひて、即《すなわ》ち其の御《み》頸珠《くびたま》〔14〕の玉の緒《を》もゆら〔15〕に取りゆらかし〔16〕て、天照大御神に賜ひて詔りたまはく、汝《な》が命は高天原を知らせ〔17〕と、ことよさして賜ひき。》

（11f）（古事記）

また、日本書紀の並行箇所では、

〔11〕**葦牙**　葦の若芽。〔12〕**天の沼矛**　神代にあったとされる、玉で飾った神聖な矛。〔13〕**大八洲**　神話に基づく日本の古称。〔14〕**頸珠**　玉を連ねて緒に貫いた首飾り。〔15〕**もゆら**　玉が触れ合って鳴るさま。〔16〕**ゆらかし**　玉などを触れ合わせて、音を立てる。〔17〕**知らせ**　国を治めること。

9.《…吾《あ》れ已に大八洲國及び山川草木を生めり、何《いか》にぞ天下《あめのした》の主《きみ》たるべき者《かみ》を生まざらめやと。是に共に日神《ひのかみ》を生みまつります。》（12）（日本書紀）

…天照大神に統治権を付与するという話だが、統治の範囲が微妙に異なっている。古事記によれば、イザナギの命が天照大神に首飾りを与え、「高天原を統治せよ」と命じたという。日本書紀によれば、統治権を与えたのは、天下（大八洲国ならびに山川草木）と読める。『國體の本義』の本文も、日本書紀を踏襲している。

天孫降臨

つぎのステップは、天照大神が孫の瓊瓊杵尊に、地上の支配を任せることである。

10.《天照大神は、この大御心《おおみこころ》・大御《おおみ》業《わざ》を天壌と共に窮《きわま》りなく彌榮えに發展せしめられるために、皇孫を降臨せしめられ、神勅を下し給うて君臣の大義を定め、我が國の祭祀と政治と教育との根本を確立し給うたのであつて、こゝに肇國《ちょうこく》の大業が成つたのである。我が國は、かゝる悠久深遠な肇國の事實《じじつ》に始つて、天壌と共に窮りなく生成發展するのであつて、まことに萬邦《ばんぽう》に類を見ない一大盛事を現前してゐる。》（13）

…天照大神は、皇孫瓊瓊杵尊に、いわゆる「天壌無窮の神勅」を下した。その前には出雲の神々が恭順の意を表したとされる。すなわち、

11.《天照大神が皇孫瓊瓊杵《ににぎ》ノ尊《みこと》を降し給ふに先立って、御弟素戔嗚《おんおとうとすさのお》ノ尊《みこと》の御子孫であらせら

れる大國主ノ神を中心とする出雲の神々が、大命を畏《かしこ》んで恭順せられ、こゝに皇孫は豊葦《とよあし》原《はら》の瑞穂《みずほ》の國に降臨遊ばされることになつた。》（13）

天壌無窮の神勅には、こうある。

12.《豊葦原の千五百秋《（ちいほあき）》〔18〕の瑞穂《（みづほ）》の國は、是れ吾《（あ）》が子孫《（うみのこ）》の王《（きみ）》たるべき地《（くに）》なり。宜《よろ》しく爾皇孫就《（いましすめみまゆ）》きて治《（しら）》せ。行矣《（さきくませ）》。寶祚《（あまつひつぎ）》〔19〕の隆《さか》えまさむこと、當《まさ》に天壌《（あめつち）》と窮《きわま》りなかるべし。》（13f）（日本書紀・異説別伝）

…この文は、日本書紀にあるが、本文ではなく、異説別伝に「一書に曰く」として記録されている。

＊

この箇所を、『國體の本義』はこう解説する。

13.《…こゝに儼然たる君臣の大義が昭示《しょうし》せられて、我が國體は確立し、すべしろしめす〔20〕大神たる天照大神の御子孫が、この瑞穂の國に君臨し給ひ、その御位の隆《さか》えまさんこと天壌と共に窮りないのである。而してこの肇國《ちょうこく》の大義は、皇孫の降臨によつて萬古不易に豊葦原の瑞穂の國に實現せられるのである。》（14）

「大義」とあるのは、義と同じ。義は儒学の概念で、君（政治的リーダー）に対する服従の義務をいう。孝（親に対する服従の義務）と、対になっている。天皇に対する服従義務をとくに、「大義」といっている。

〔18〕**千五百秋** 永遠。 〔19〕**寶祚** 皇位の継承。 〔20〕**しろしめす** 国をお治めになる。

儒学では、臣と民を分け、臣（行政職員。統治階級の一員）は義に服するが、民（被統治階級）は義を要求されない、とする。国体論では、臣と民を一体化した「臣民」という概念をつくりだし、日本人の全員が天皇に服する義務がある、とする。これが「君臣の大義」である。

*

なお、古事記の並行記事には、こうある。（三浦・67）

14.《かれ高御産巣日《たかみむすび》ノ神《かみ》天照大御神の命もちて、天ノ安ノ河原に、八百萬の神を神集《かみつどへ》に集へて、思金《おもいかね》ノ神《かみ》[21]に思はしめて詔りたまはく、この葦原ノ中ツ國は、我が御子の知らさむ國と、ことよさし賜へる國なり。…是を以て白《もう》したまふまにまに、日子番能邇邇藝《ひこほのににぎ》ノ命《みこと》に詔科《みことおほ》せて、この豊葦原ノ水穂ノ國は、汝《みまし》知らさむ國なりとことよさしたまふ。かれ命のまにまに天降《あも》ります可しとのりたまひき。》

…古事記では、高御産巣日ノ神の支持のもと、天照大神が、高天ヶ原で神々の集会をもち、ブレーンである思金ノ神のアイデアによって、皇孫であるニニギの命に、豊葦原瑞穂の国を統治するよう命じる、という記述になっている。日本書紀とは細部が異なる。

神鏡奉斎

さらに、「神鏡奉斎」の神勅には、つぎのようにある。

15.《此れの鏡は、専《もは》ら我《あ》が御魂《みたま》として、吾が前《みまへ》を拜《いつ》く[22]が如《ごと》、いつきまつれ[23]。》（14）

…この鏡は、天照大神が天岩戸に隠れたとき、岩戸の前に懸けた鏡（八咫《やた》の鏡）である。この記事は、古事記にみえる。

これを注釈して、『國體の本義』は、つぎのようにのべる。

16.《卽《すなわ》ち御鏡《みかがみ》は、天照大神の崇高なる御靈代《みたましろ》〔24〕として皇孫に授けられ、歴代天皇はこれを承《う》け繼《つ》ぎ、いつきまつり給ふのである。歴代天皇がこの御鏡を承けさせ給ふことは、常に天照大神と共にあらせられる大御心であつて、卽ち天照大神は御鏡と共に今にましますのである。天皇は、常に御鏡をいつきまつり給ひ、大神の御心をもつて御心とし、大神と御一體とならせ給ふのである。而してこれが我が國の敬神崇祖の根本である。》（14 f）

…この注釈には、古事記に書いてある以上のことが、たっぷり書かれている。すなわち、この鏡が歴代天皇に受け継がれて、祀《まつ》られること。天照大神はこの鏡と共にいること。歴代天皇はこの鏡を祀ることで、天照大神の大御心を御心とし、天照大神と一体になること。これが、日本の祭祀の根本であること。

*

鏡はなぜ、重要であるのか。

鏡は、天照大神が、自分の分身であるとして、ニニギの命《みこと》に手渡した。そして、ニニギの命から歴代の天皇に伝わった。日本国を統治する権限の源泉であり、象徴である。この鏡を祀ることで、歴代の天皇は、天照大神の御心を自分の御心とし、天照大神と一体化する。日本国の正統な

〔21〕**思金ノ神**　記紀神話の神で、高皇産霊神の子。〔22〕**拝く**　あがめまつる。〔23〕**いつき**　「拝く」と同義。
〔24〕**御靈代**　御神体。

統治者となる。

人びとは、天皇がこの祭祀を行なっているので、天皇に従う義務が生ずる。天皇は日本の人民を率い、人民は天皇に従い、政治に参与する。

鏡は唯一であり、鏡を祀る祭祀を行なう主体も唯一（天皇だけ）である。天皇の政府の唯一性と正統性が、この祭祀によって保証される。

＊

さて、『國體の本義』は続けて、つぎの詔を掲げる。

17.《思金《おもひかね》ノ神は、前《みまへ》の事を取り持ちて政《まつりごと》せよ。》（15）（古事記）

…天照大神が、思金の神に、統治行為を手伝うように命じている。

この詔を、[25]『國體の本義』は、天皇を輔翼《ほよく》[26]する義務を命じたものと解釈する。

18.《…これは大神の御子孫として現御神《あきつみかみ》であらせられる天皇と、天皇の命によつて政に當るものとの關係を、儼として御示し遊ばされたものである。即ち我が國の政治は、上《かみ》は皇祖皇宗の神靈を祀り、現御神《あきつみかみ》として下《しも》萬民を率ゐ給ふ天皇の統《す》べ治《し》らし給ふところであつて、事に當るものは大御心を奉戴して輔翼《ほよく》の至誠を盡《つ》くすのである。》（15）

天皇は、鏡を保持するなどして、統治権を継承する。が、いつも統治の実権を担ってきたわけではない。周囲に、藤原氏や征夷大将軍など、統治の実権を握るものがいた。権威を継承する天皇と、権力を握る統治者とが、二重星のように政府を形成した。こうした日本の伝統は、『古事記』に根拠をもつのだと、『國體の本義』はのべている。

天壌無窮

続けて『國體の本義』は、天壌無窮、万世一系、三種の神器、についてさらに詳しく補足している。

まず、天壌無窮については、こうある。

19.《天壌無窮とは天地と共に窮《きわま》りないことである。惟《おも》ふに、無窮といふことを単《たん》に時間的連《れん》續《ぞく》に於てのみ考へるのは、未《いま》だその意味を盡《つ》くしたものではない。…所謂《いわゆる》天壌無窮は、…永遠を表すと同時に現在を意味してゐる。現御神《あきつみかみ》にまします天皇の大御心・大御業の中には皇祖皇宗の御心が拜せられ、又この中に我が國の無限の將來《しょうらい》が生きてゐる。…我が歴史は永遠の今の展開であり、我が歴史の根柢にはいつも永遠の今が流れてゐる。》(16 f)

20.《「教育ニ關《かん》スル勅語」に「天壌無窮ノ皇運ヲ扶翼《ふよく》スヘシ」と仰せられてあるが、これは臣民各〻が、皇祖皇宗の御遺訓を紹述し給ふ天皇に奉仕し、大御心を奉戴し、よくその道を行ずるところに實現《じつげん》せられる。…まことに天壌無窮の寶祚《ほうそ》は我が國體の根本であつて、これを肇國の初に當《あた》つて永久に確定し給うたのが天壌無窮の神勅である。》(17)

…天壌無窮は、時間軸における永遠性のこと。だがそれは、いま人びとが、国体を再生産する努力とともにしかない。

〔25〕**詔** 天皇の言葉。 〔26〕**輔翼** 補佐すること。

ちなみに、天壌とは、天と地のこと。無窮とは、終わりがないこと。寶祚（ほうそ、あまつひつぎ）は、天皇の位のこと、である。

万世一系

21．万世一系の皇位については、こう説明する。

《皇位は、萬世一系の天皇の御位であり、たゞ一すぢの天《あま》ツ日《ひ》嗣《つぎ》である。皇位は、皇祖の神裔《しんえい》にましまし、皇祖皇宗の肇《はじ》め給うた國を承《う》け繼《つ》ぎ、これを安國（やすくに）と平らけくしろしめすことを大御業とせさせ給ふ「すめらぎ」の御位であ…る。臣民は、現御神（あまつかみ）にまします天皇を仰ぐことに於て同時に皇祖皇宗を拜し、その御恵の下に我が國の臣民となるのである。

…

高御座《たかみくら》[27]に卽き給ふ天皇が、萬世一系の皇統より出でさせ給ふことは肇國《ちょうこく》の大本であり、神勅に明示し給ふところである。…我が國に於ては、皇位は萬世一系の皇統に出でさせられる御方によつて繼承《けいしょう》せられ、絶對《ぜったい》に動くことがない。されば、かゝる皇位にまします天皇は、自然にゆかしき御德をそなへさせられ、從《したが》つて御位は益ゝ鞏《かた》く又神聖にましますのである。臣民が天皇に仕へ奉るのは所謂義務ではなく、又力に服することでもなく、止み難き自然の心の現れであり、至尊に對《たい》し奉る自らなる渇仰隨順《かつごうずいじゅん》である。》（17ff）

…途中省略した部分は、天皇の位が、外国のように権力にもとづくものでないことをのべている。人びとが「自然」に、天皇に随順し奉仕することが強調される。

天皇の位が万世一系であるためには、誰が天皇であるかが、一義的に決定される必要があるだろう。この点は、掘り下げられていない。

江戸朱子学（特に、崎門学《きもんがく》）では、天皇が君主としての徳を失った場合にどうなるかが、突き詰めて論じられた。ここでは天皇は、「自然」に君主としての資質をそなえるとして、その議論をやり過ごしている。

三種の神器

三種の神器については、『國體の本義』はこうのべる。

22.《皇位の御しるしとして三種の神器が存する。日本書紀には、

天照大神、乃《すなわ》ち天津彦彦火瓊瓊杵《（あまつひこひこほのににぎ）》ノ尊に、八《や》坂瓊《さかに》ノ曲玉《まがたま》及び八《や》咫《た》ノ鏡・草薙《くさなぎ》ノ劍《つるぎ》、三種《（みくさ）》の寶物《たからもの》を賜ふ。

とある。この三種の神器は、天の岩屋の前に於《おい》て捧げられた八坂瓊ノ曲玉・八咫ノ鏡及び素《す》戔嗚《さのお》ノ尊《みこと》の奉られた天《あめ》ノ叢雲《むらくも》ノ劒《つるぎ》（草薙ノ劒）の三種である。皇祖は、皇孫の降臨に際して特にこれを授け給ひ、爾來《じらい》、神器は連綿として代々相傳《あいつた》へ給ふ皇位の御しるしとなった。従つて歴代の天皇は、皇位繼承《けいしょう》の際これを承けさせ給ひ、天照大神の大御心をそのまゝに傳《つた》へさせられ、就中《なかんずく》、神鏡を以て皇祖の御靈代として奉齋《ほうさい》〔28〕し給ふのである。》

〔27〕**高御座** 天皇の位。 〔28〕**奉齋** 神仏などを慎んで祀ること。

…三種の神器は、天照大神がニニギの尊に授けたものが、歴代天皇に伝わったものであること、
それが皇位のしるしであること、三つのなかでは鏡が中心であること、が要点である。（19 f）

＊

では、鏡の実物が失われたら、どうするか。

鏡は、天照大神から伝わったそのものが代々、受け継がれてきたものだと書いてある。では、何かの事情で、鏡の実物が失われたら、どうなるのか。歴代の天皇はそこで途絶え、日本の正統な統治者はいなくなるのか。

そうではあるまい。歴代天皇の統治権は、天照大神の意思を受け継いでいるところにあるので、鏡はそのための媒体にすぎない。媒体が失われたら、また造ればよい。その鏡を天照大神の分身として祀るなら、そこに天照大神の御心が宿り、天皇と一体であることになる。天皇が正統であるから、この祭祀が内実をもつのだ、と考えなければならない。

もっともこの問題は、微妙な議論を含む。北畠親房《きたばたけちかふさ》も『神皇正統記《じんのうしょうとうき》』でそのことを論じている。

神勅の構造

ここまでの議論を、まとめてみよう。

天照大神がニニギの尊に、豊葦原瑞穂の国を治めよ、と命令した。これが、国体の根幹である。

けれどもその前に、この世界と天照大神が存在するに至る、神々のはたらきのプロセスがあった。それも合わせて、神勅であると考えられる。そしてそれを、つぎのように整理できるだろう。

天《あま》ツ神諸々《かみもろもろ》
⇦　命《みこと》　修理《つく》り固成《かためな》せ　天《あま》の沼矛《ぬぼこ》を与える
イザナギ・イザナミ
⇦　任命　高天ヶ原を知らせ　御頸玉《みくびたま》の玉の緒を与える
天照大神
⇦　神勅　豊葦原《とよあしはら》の瑞穂《みずほ》の国を治《しら》せ　八咫《やた》の鏡を与える
ニニギの尊《みこと》

イザナギ・イザナミの二神が現れたのは、彼らに先立つ神々の集合的な意思（命令）にもとづく。この世界の基礎を固め、秩序づけなさい。そのための道具（武器）も与えられた。二神はその命令にこたえて、日本列島を生み、さまざまな神々を生み、アマテラス、スサノヲ、ツクヨミの三柱のきょうだいを生んだ。

イザナギは喜んで、アマテラスに、高天ヶ原の支配権を与えた。すべての神々を統括する権限である。

アマテラスは、地上の豊葦原瑞穂の国が放置されているのをみて、皇孫のニニギノミコトに、その地を統治するように命じた。また、三種の神器を授けた。ニニギノミコトは、地上に降臨し、その子孫が神武天皇として即位した。

おおまかに言えば、このような話が、古事記・日本書紀には書いてある。

*

それを「神勅」であると強調するのが、『國體の本義』の立場である。

まず、明治になって、「詔」と「勅」を厳密に区別するようになった。三浦（64 f）に従って整理してみると、以下のようである。

・上古、天皇の言葉を「みことのり」といい、詔、勅の字をあてていた。
・律令制になって、臨時の大事を詔、尋常の小事を勅、と称して区別した。
・明治になって、「みことのり」をすべて詔勅と称し、詔と勅に区別を設けなかった。概して、大事に詔を用いたが、軍人勅諭、教育勅語、など勅を用いる例もあった。
・明治四十年二月に「公式令《こうしきれい》」が公布され、「詔」と「勅」を区別するようになった。

すなわち、

《第一條　皇室ノ大事ヲ宣誥シ及大権《たいけん》ノ施行ニ關《かん》スルハ…詔書ヲ以テス

第二條　文書ニ由《よ》リ發スル勅旨ニシテ宣誥《せんこう》〔29〕セサルモノハ…勅書ヲ以テス》

詔書も勅書も、どちらも文書である。そして、関係大臣の副署が必要である。詔書は宣誥、すなわち、一般に公布される。勅書は宣誥されず、受命者にだけ公布される。これに対して、勅語は、文書によらない勅旨である。勅語書には、副署がない。

なお、三浦（43）には、神勅を《神のみことのり》と注している。特に「公式令」を踏まえているとは思われない。明治初期の用語法のようである。

ユダヤ教との類似

少し回り道になるようだが、西欧の契約思想、特にユダヤ教の話をしよう。

明治になって国家神道が形成される際、神勅が改めて重視されるようになった。それは、社会契約説など、西欧の契約思想に触れたことの影響があるに違いない。

西欧の近代国家が、契約の思想でうみだされたことは、明治の早い時期に知られるようになった。アメリカの独立宣言と合衆国憲法。フランス革命と共和国憲法。明治一〇年代に活発になった自由民権運動は、こうした社会契約説の影響を受けている。

社会契約の思想は、キリスト教の契約の思想、さらに遡れば、ユダヤ教（旧約聖書）の契約の思想が、世俗化したものである。国家神道の形成に関わった人びとは、この系譜に興味をもった。早くは、平田篤胤が漢訳聖書をひそかに読み、英霊のアイデアを思いついたと言われている。こ

〔29〕**宣誥**　臣下などに対し天皇が意思を達すること。

の系譜の人びとは、明治になり、すぐさま漢訳聖書を仔細に検討したと考えるのが自然である。

＊

旧約聖書の描く古代ユダヤ教は、神道と共通するところが多い。

誰でもすぐ気がつくのは、穢《けが》れ／清浄、の観念があるところ。穢れ（ツァーラアト）は自然現象で、皮膚病のようでもあるが、革製品や家も罹患する。そして、罪（神に背くこと）とも異なる。穢れたら、神域に近づいてはいけない。穢れには、浄《きよ》めの儀礼がある。浄められたかどうかは、祭司が判定する。

神に対する献《ささ》げものの儀礼があるところ。ユダヤ教は、動物（ウシやヒツジやハト）を生贄《いけにえ》とし、火にくべ、小麦粉などとともに献げる。もともと献げものの祭壇は、部族ごとに族長が主宰していた。それが一箇所に集約され、祭司が主宰するようになった。神道の場合は、動物をわざわざ殺害して生贄として献げることはしない。

神殿（または、聖なる幕屋）があり、神域として、清浄が保たれていること。

外敵の脅威にさらされる民族の危機の際、奇蹟（神の介入）が起こること。モーセの、紅海の奇蹟が印象的である。日本を襲った元寇がしりぞけられたのが、神風によることが、並行する出来事として強く意識されるようになったと思われる。

ユダヤ教の契約

ユダヤ教で印象的なのは、イスラエルの民が、神ヤハウェと契約を結ぶことである。ヤハウェとの契約が、ユダヤ教という宗教のなかみだと言ってもよい。

この契約の特徴は、

1. 神と、イスラエルの民との、契約である。
2. 契約は、「条件つき」である（これこれを守れば、保護を与える）。
3. 「約束の地」の概念がある。
4. 誰が王となるのか、の規定がない。

これを、アマテラスの神勅と比較すると、性格がだいぶ違っている。

神勅はどういう契約か

アマテラスの神勅は、そもそも契約であるのか。

たしかに、命令ではある。命令された側は、それに拘束される。命令した側も、それに拘束されるのか。拘束されるのなら、契約のようだと考えられる。

この点がなかなか、はっきりしない。ともかくアマテラスは、この神勅を取り消しそうにない。そう期待できる限りで、神勅は、契約と似た機能をもつと言えるだろう。

つまり、やや無理があるが、アマテラスの神勅を「契約」とみなすことも、できなくはない。

＊

そのうえで、アマテラスの神勅を、ユダヤ教の契約と比較してみよう。

1. 神勅は、神の孫・ニニギノミコト（やはり神）とのあいだの契約である。

この契約は、時代を超えて継承されるのか。

イスラエルの民は、人びとの団体（民族）であって、時代を超えて存続する。神ヤハウェも永遠に存続する。ゆえにこの契約が、時代を超えて継承されることは間違いない。

いっぽうニニギノミコトは、降臨したあと結婚し、子孫をもうけ、その曾孫がハックニシラススメラミコト、すなわち神武天皇である。ニニギノミコトに下された神勅が、その（直系の）子孫に継承されるのなら、時代を超えて効力をもつことになる。だが、そうなのかどうか、古事記・日本書紀の文面にははっきり書かれていない。

神勅は無条件

2. 神勅は、「条件」がついていない。

神ヤハウェとイスラエルの民は、他人同士だ（血のつながりがない）から、信頼関係がない。信頼のないところに信頼関係を設定するのが、契約である。だから、契約が守られるための条件が、はっきり書いてある。イスラエルの民が契約を守れば保護を与える／契約を守らなければ懲罰を与える、と。

これに対してアマテラスの神勅は、いわば丸投げで、豊葦原瑞穂の国を統治せよと命じるだけで、条件がついていない。そもそもニニギノミコトが選ばれたのは、神々のなかでも頼りになるから。最初から信頼関係があるのだから、命令が実行されない場合のことを想定していない。ということは、ニニギノミコトの後継者である天皇が、統治をうまく果たせなかった場合、どうなるのかわからないということだ。

約束の地

3. 神勅は、豊葦原瑞穂の国（日本列島）という、特定の場所を指定している。

これは、約束なのだろうか。約束の地は、数ある場所のなかから特に選んで、ある人びと（民族）に与える土地のこと。日本神話では、地上がすべて豊葦原瑞穂の国である。それ以外の土地があることを、想定していない。「選ばれた」わけではないから、約束の地というのとは少し違う。

ただ、実際問題として、ほかの民族や、彼らが住まう土地もあるではないか。古事記・日本書紀の語る日本神話をすべて事実と考える立場の、本居宣長は、外国は海のあぶくからでも生まれたのだろう、と言っている。

約束の地には、モアブ人、エブス人などの先住民がいた。神ヤハウェは、先住民を実力で追い払うことを許可する。豊葦原瑞穂の国には、オオクニヌシノミコトなどの神々がいた。彼らは神勅のことを知ると、自発的に恭順の意を表し、土地を明け渡した。彼らは先住民なのか。先住民ではない。異民族でなく、同族である。なぜ彼らがその場所にいたのかはっきりしないが、そこにいる正当性を主張できなかったらしい。

神々は別として、ニニギノミコトが降り立ったとき、その場所には、すでに人間たちが住んでいた。彼らがそこに居住し続けることは、問題にされていない。通婚もしている。人間たちは、あたかも豊葦原瑞穂の国の自然な一部であるように、ニニギノミコト（とその子孫である天皇）の統治に組み入れられている。

要するに、神勅は、約束の地を与える、という考え方にはなっていない。

誰が王になるか

4．神勅は、誰が王（天皇）になるべきか、を指定している。

この点、誰が王になるべきかを指定しない、旧約聖書の契約と異なっている。

旧約聖書はそもそも、王制を前提にしていない。イスラエルの民は、族長制→士師《しし》→王制（預言者による叙任）→祭司支配→議会制→律法学者（ラビ）の支配、という変遷を経過した。ユダヤ教は、神への服従を絶対視する。そこで、人間への服従（王制）を相対視することになる。

皇国主義は、神を尊重し、神の子孫である天皇への服従を尊重する。神への服従から、王制（天皇の統治）が導かれる。王制以外が導かれない。ユダヤ教（そして、キリスト教）の「神との契約」の考え方と、正反対であることがわかる。

＊

ユダヤ教にも、誰が王になるかを指定する論理が、あることはある。

ベニヤミン族のサウル王が倒れたあと、ユダ族のダビデが王となった。ヤハウェはダビデを祝福し、ダビデの一族から多くの王が出る、と言った。ダビデの王朝（南王国）は、北王国の王朝が頻繁に交替したのと異なり、バビロニアの進攻で倒されるまで続いた。ナザレのイエスも、ダビデ王の系譜から出たことになっている。

ダビデの系譜は祝福されたものの、結局、途絶えている。

旧約聖書には、ダビデ王以外にも、多くの王が登場する。それらの王も、存在してよいのである。

キリスト教は、「地上の権威」はすべて神が立てたものだとし、王権を承認した。それは、その条件が整わなければ王権を承認しないというロジックと、裏表である。つまり「万世一系」の考え方は、ユダヤ教にもキリスト教にもない。

＊

それでは、「万世一系」の皇国主義はどういうロジックなのか。

アマテラスが中心となる神↓その神が、ニニギノミコトに地上の統治を命じた↓ニニギノミコトの曾孫が、天皇に即位した↓以後、歴代の天皇が地上を統治している。

神からの系譜が、いつの間にか人間の系譜につながっている。これ以外に、王の系譜が存在しない（できない）。よって、この神が正しければ、天皇の系譜を自動的に正しいと考えなければならなくなる。これが、「万世一系」の仕組みだ。

これは、中国の儒学のロジックとも、まるで違っていることに注意しよう。儒学では、しばしば王朝が交替する。それは、王が正しいかどうかを判定する規準が、王の血統の正しさと独立に用意されていて、正しくない王をその座から引きずり下ろすことができるからだ。これが、「湯《とう》武《ぶ》放伐《ほうばつ》」（湯王、武王が腐敗した前王朝を打倒した故事）だ。

＊

ここまでの考察で、アマテラスの神勅について理解を深めることができた。
それでは、『國體の本義』の議論のその先を、もう少し追ってみよう。

1・2　天皇

アマテラスの神勅に従って、地上ではどのような統治が行なわれたのだろうか。

神武天皇

『國體の本義』は、イザナギ・イザナミの修理固成《しゅうりこせい》→アマテラスの神勅→神武天皇の御創業→歴代天皇の大御業《おおみわざ》、のように発展していくさまを描く。《天皇はこの六合《あめつち》の内を普《あまね》く照《て》り徹《とお》らせ給ふ皇祖の御德を具現し、皇祖皇宗の御遺訓を繼承《けいしょう》せられて、無窮に我が國を統治し給ふ。》(21)のである。

＊

神武天皇は即位のときにあたり、つぎの詔をのべたという。

23.《我東に征《(ゆ)》きしより茲《ここ》に六年《むとせ》になりぬ。皇天《(あまつかみ)》の威《(みいきほひ)》を頼《(か丶ぶ)》りて、凶徒《(あだども)》就戮《(ころ)》されぬ。邊土《(ほとりのくに)》〔30〕未だ清《(しづ)》まらず餘妖《(のこりのわざわひ)》尚《なお》梗《(こは)》し〔31〕と雖《いえど》も、中洲之地《(なかつくに)》〔32〕復《また》風塵《(さわぎ)》なし。誠に宜《よろ》しく皇都《(みやこ)》を恢廓《(ひらきひろ)》め〔33〕大壮《(みあらか)》を規摹《(はかりつく)》るべし。……然して後《のち》に六合《(くにのうち)》を兼ねて以て都を開き、八紘《(あめのした)》を掩《(おほ)》ひて〔34〕宇《(いへ)》と爲《(せ)》むこと、亦《また》可《(よ)》からずや。》(23)

…これは日本書紀からの引用である。八紘一宇は、ここが出典になっている。「八紘」は、八方の隅々。地上の果て。「宇」は家の意味。(三浦・92)

現御神

地上を治める天皇が、現御神《あきつみかみ》である事情を、『國體の本義』はつぎのようにのべる。

24.《かくて天皇は、皇祖皇宗の御心のまに〱我が國を統治し給ふ現御神《(あきつみかみ)》であらせられる。この現御神(明神《(あきつかみ)》)或は現人神《(あらひとがみ)》と申し奉るのは、所謂《いわゆる》絶對神とか、全知全能の神とかいふが如き意味の神とは異なり、皇祖皇宗がその神裔《しんえい》であらせられる天皇に現れまし、天皇は皇祖皇宗と御一體であらせられ、永久に臣民・國土の生成發展の本源にましまし、限りな

〔30〕**邊土** 辺鄙な土地。〔31〕**梗し** つよい、たけだけしい。〔32〕**中洲之地** 都に近いところ。〔33〕**恢廓め** その勢い、範囲を広くする。盛大にする。〔34〕**掩ひて** 包んで。

く尊く畏《かし》き御方であることを示すのである。》（23f）

……天皇が現人神《あらひとがみ》であることの説明である。「絶対神」「全知全能」でないというのは、キリスト教など一神教の神を念頭においた説明だ。代わりにその実質は、「皇祖（アマテラス）皇宗（歴代天皇）が天皇に現れ、天皇と一体である」ことだという。「一体」であるなら、神でもあることになるが、そのロジックは明瞭でない。

帝国憲法の条文

ここでとりわけ注目されるのは、『國體の本義』が、帝国憲法（旧憲法）の条文を、現人神の規定だとしていることである。

25.《帝國憲法第一條に「大日本帝國ハ萬世一系ノ天皇之ヲ統治ス」とあり、又第三條に「天皇ハ神聖ニシテ侵スヘカラス」とあるのは、天皇のこの御本質を明らかにし奉つたものである。從つて天皇は、外國の君主と異なり、國家統治の必要上立てられた主權者でもなく、智力・德望をもととして臣民より選び定められた君主でもあらせられぬ。》（24）

……第一条、第三条の有名な規定を、皇国主義（天皇親政説）の立場から説明している。天皇機関説に反対している。

＊

大日本帝国憲法は、明治二二（一八八九）年二月一一日に公布、翌年十一月二九日に施行された。公布の年の六月一日に、伊藤博文らによるこの憲法の解説が出版されている（伊藤博文『帝國憲法皇室典範義解』（國家學會）。以下、『憲法義解』と略す）。この書物は名著であり、帝国憲法起草者たちの憲法理解と法思想をよく知ることができる。

第一條の解説に、こうある。

26．《第一條　大日本帝國ハ萬世一系ノ天皇之《これ》ヲ統治ス
恭《つつしみ》テ按《あん》スルニ神祖開國以來時ニ盛衰アリト雖《いえども》、世ニ治亂《ちらん》アリト雖、皇統一系寶祚《ほうそ》ノ隆ハ天地ト與《とも》ニ窮ナシ本條首《はじ》メニ立國ノ大義ヲ掲ゲ我カ日本帝國ハ一系ノ皇統ト相依《あいより》テ終始シ古今永遠ニ亘《わた》リ一アリテ二ナク常アリテ變ナキコトヲ示シ以《もっ》テ君民ノ關係《かんけい》ヲ萬世《ばんせい》ニ昭《あきら》カニス（以下略）》（伊藤・2）

第三條の解説に、こうある。

27．《第三條　天皇ハ神聖ニシテ侵スヘカラス
恭《つつしみ》テ按《あん》スルニ天地剖判《ほうはん》〔35〕シテ神聖位ヲ正ス（神代記）蓋《けだし》天皇ハ天縱《てんしょう》〔36〕惟神《いしん》〔37〕至聖ニシテ臣民群類ノ表《おもて》ニ在《あ》リ欽仰《きんぎょう》〔38〕スヘクシテ干犯《かんぱん》スヘカラス故ニ君主ハ固《もと》ヨリ法律ヲ敬重《けいちょう》セサルヘカラス而《しこう》シテ法律ハ君主ヲ責問スルノ力ヲ有セス獨《ひとり》不敬ヲ以テ其ノ身體ヲ干瀆《かんとく》スヘカラサルノミナラス併セテ指斥《しせき》〔39〕言議《げんぎ》〔40〕ノ外ニ在ル者トス》（伊藤・5）

…伊藤博文の解説が言っているのは、君主が逮捕されたり刑事訴追されたり政治責任を追及されたりしないこと。身柄の安全が確保されるほか、新聞で批判したり悪口を言ったりしては

〔35〕**剖判**　二つに分かれること。〔36〕**天縱**　生まれながらに優れていること。〔37〕**惟神**　神慮のまま。
〔38〕**欽仰**　尊び、敬うこと。〔39〕**指斥**　指差して非難すること。〔40〕**言議**　議論すること。

ならないこと。外国の君主にも同様に保証されている一般的な特権のことである。これを、「神聖にして侵すべからず」と表現したために、天皇が現人神であることを意味するとする、俗論がはびこるようになった。『國體の本義』もこうした、天皇親政説の側に立っている。

伊藤博文の『憲法義解』は、合理的であり、乾いている。通読すると、天皇機関説の考え方で貫かれていることがわかる。国際社会との連続性を意識している。当初、帝国憲法は、こうした理解にもとづく明治の元勲たちが運用したのであった。

それに対して、『國體の本義』は、神秘的であり、湿っている。天皇親政説に浸りきっている。国際社会と断絶しようとし、日本独自の優位性を主張しようとする。昭和の総動員体制は、こうした人びとによって推進された。

北一輝と皇道派青年将校

同じ条文を、天皇機関説から読んだり、天皇親政説から読んだりする。すると、条文の表情が違ってくる。もともと天皇機関説の立場で書かれた条文のはずなのに、まるで違った顔つきになってしまう。

なぜ昭和初めにかけての時期、天皇機関説が攻撃され、国体明徴（天皇親政説）が叫ばれたのだろう。同時代の人びとを包んだその切迫感には、深い根拠があったはずだ。その根拠を突きあててみたい。

＊

この問題を考えようとすると頭に浮かぶのは、二・二六事件に決起した皇道派青年将校らと、その指導者とみなされた北一輝との、すれ違いの関係である。

皇道派青年将校らは、北一輝の『日本改造法案大綱』を読んで感激し、昭和維新への情熱を燃やした。その計画が未熟であったことと、事件の顚末については、多くの書物が書かれていて、よく知られている。

私が疑問に思うのは、皇道派青年将校らが、果たして『日本改造法案大綱』をちゃんと読んだか、よく理解したのか、という点である。最初のほうを読んだだけで頭に血がのぼり、そのあとをよく読まなかったのではないか。

＊

北一輝の『日本改造法案大綱』はたしかに、天皇の名のもとに憲法を停止し、権力を掌握して、国家改造を行なう、と書いてある。社会的不公正の是正に取り組む、維新を断行するのだ、と。クーデター計画である。

皇道派青年将校らは、天皇の名のもとにクーデターを行なう、と聞いただけでしびれてしまい、直接行動に決起する快感に酔いしれた。けれども彼らは、北一輝の構想の核心を読み損なっている。

北一輝の構想の核心は、憲法改正である。天皇大権を用いたクーデターは、その端緒にすぎない。いったん権力を握った維新勢力は、「憲法制定議会」を構成するために、「普通選挙」を実施する。そうして選出された国民の代表の手で、維新を実行するための「新憲法」を制定しよう。その新憲法に、どういう内容を盛り込むか。それが、『日本改造法案大綱』のなかみにほかならない。

最初の決起と、維新勢力による権力掌握とのために、天皇の大権を発動する。天皇の出番はそれだけで、そのあと、天皇は維新にタッチしない。それどころか、皇室財産を国家に寄付し、そのあとはわずかな宮廷費を、議会の決める予算によって、一般会計から支出してもらう立場になる。完全な象徴天皇（すなわち、国家機関）に移行することになっている。

維新の具体的な内容は、社会主義改革だ。財閥解体。農地解放。私有財産額に上限を設ける。都市部の土地の公有化。企業の国有化。改革の内容は、GHQによる戦後改革と驚くほど似通っている。昭和初年の日本社会の閉塞を打ち破るのに、どういう種類の改革が必要なのか、読み切っていたところがすばらしい。

その改革を実現するのに、現行の法秩序の延長上では、うまくいかないことも読み切っていた。それは、北一輝によれば、貴族院や衆議院には、既得権益層が巣くっていて、改革に反対しつぶしてしまうからである。そこで、憲法を停止し、天皇大権によって、すなわち超憲法的な権力によって、改革を行なうしかない。連合国軍最高司令官が、憲法を超越した権力により、憲法を改正し、戦後改革を行なったことを考えると、北一輝の洞察力には目を見張るべきものがある。

＊

北一輝は、この意味で、ばりばりの天皇機関説論者である。その彼の構想が、あろうことか、天皇親政説論者のバイブルにまつり上げられてしまう。北一輝はこの、ちぐはぐな誤解によく気がついていたろう。そして決起が実行された。自身は思想的影響を与えた「黒幕」として捕えられ、軍法会議で有罪となって銃殺された。これもやむなしと受け入れ、悠然たる最期だったという。

憲法のパラドクス

なぜ天皇は、自ら親しく、政治を行なう存在でなければならないか。それは、日本国の正統性を、天皇が「現御神」であることにかけてしまう構造になっているからである。

この構造は、帝国憲法にともなってうまれたものである。このメカニズムをよく、理解しなければならない。

＊

成文憲法はかならず、つぎのようなパラドクスを抱える。

その国のすべての制度も、法律も、憲法に根拠をもつ。憲法が授権し、憲法が命ずる限りで、その国が法治国家として作動する。よろしい。ではその憲法を、そのように力あるものにしているのは、何なのか。

憲法そのものを支えているものは、憲法ではありえない。しかし、まったく憲法と無関係なものであるのも、具合がわるい。そこでこれは、「憲法制定権力」とよばれる。

憲法制定権力は、憲法の「影」のようなものである。憲法制定権力が、憲法を憲法たらしめている。しかし、憲法制定権力は、実体がない。憲法があるから、憲法制定権力が、理屈のうえで必要になる。憲法制定権力は、法律に従わない。それを担う団体もない。あえて言えば、それは、（主権者である）国民である。

天皇親政説は、その憲法制定権力の場所に、（天皇大権をそなえた）天皇、すなわち現人神を、あてはめたものなのである。

市民革命と憲法

さて歴史上、憲法とはどういうものか、どういうものであるべきかについて、人びとがさんざん議論を戦わせた。社会契約説である。そしてそのあと、実際に、憲法が制定されるようになった。

憲法のない国家秩序を、「旧体制」（アンシャン・レジーム）という。憲法のある国家秩序を、立憲政体という。

憲法があるべきだと考えた市民は、旧体制からの離脱を図り、実力でそれを実現した。市民革命である。そして、憲法を制定した。アメリカ独立革命が、その先駆である。フランス大革命が、それに続いた。

市民革命は、法的手続きでない。市民革命のあと、憲法が制定される。そして、憲法が制定されたあと、立憲政体は、憲法とそれにもとづく法令に従って作動する。法の支配、である。この関係、

市民革命　⇩　憲法

のことを、憲法学では、

憲法制定権力　⇩　憲法

というのである。

社会契約説と憲法

市民革命は、一般に、蜂起した人びとの実力行使をともなう。

だが、市民革命は、憲法制定権力の本質を、有無を言わせぬ権力（暴力）であるとは考えない。むしろ、人びとの合意（意思）であると言い張る。憲法を制定し、国家を創ろうと、人びとが合意したので、国家が存在する。人びとが合意し、契約を結んだから、憲法が制定された。社会契約説のストーリーである。

では社会契約は、いつ結ばれたのか。憲法が制定されるより、前である。そんな契約を、歴史のなかにたどることはできないから、歴史よりまだ前（社会の始まりの時点）だろう。そこは自

然状態で、人びとは完全に自由だった。「万人の万人に対する戦争」であった。そこで人びとは、理性によって考える。この状態は耐えられない。われわれの自然権を少しずつ制限して、リヴァイアサン（国家権力）を創造しよう。憲法制定権力についての物語である。

もともと、社会契約があった。それが踏みにじられたから、市民革命を起こした。憲法の背後にほんとうにあるのは、社会契約だ。こう、主張するのである。

*

社会契約説は要するに、何を主張しているか。

それは、憲法の背後に憲法制定権力があったとしても、それは、権力（暴力）ではないということである。では何か。それは、人びとの合意である。契約である。理性である。憲法は存在すべきであるから、憲法を存在させた。それは人びとの、合理的な判断であり意思である。

社会契約説が、歴史をすっ飛ばし、歴史よりももっと始原の状態に社会契約があったとするのは、契約と無関係な、伝統的な君主権力をすべてパスするためである。

社会契約説は要するに、非歴史的である。非ロマン主義的である。啓蒙的合理主義なのである。

*

この考え方は、伝染する。

立憲政体は近代的で、議会（立法府）をもち、国民のさまざまな意見にもとづいて、法律を定め、予算を審議し、国政を運営する。近代社会の仕組みとして優れている。そこで多くの国々が、憲法と立憲政体を採用しようと思った。

こうした国々では、必ずしも「市民革命」によって、憲法がうまれるわけではない。なりゆきで、立憲政体を採用する場合がある。その場合には、市民革命なしなので、

憲法制定権力（実体、なし）⇩ 憲法

になる。社会契約も、実体のないフィクションだと言ってもよいので、

憲法制定権力（社会契約）⇩ 憲法

と、考えていいことになる。

こうして、市民革命を経過しなかった多くの立憲政体は、それとおおよそ同等の出来事である、社会契約を踏まえているのだと考えるようになった。

市民革命の神話

この考えがさらにふくらむと、市民革命は、「なかったけれどもあった」のだ、と言い張る主張になる。

市民革命は、実際にはなかった。けれども、憲法のもとでは、市民の政治的発言権が保証されている。これは、市民のための憲法だ。市民が主役だ。ならば、市民革命が起こったのと同じではないか。つまり、

憲法制定権力（実際にはなかった、市民革命）⇩ 憲法

だとするのである。

日本国憲法について、丸山眞男らが唱えたとされる「八月十五日革命説」は、そうした主張のひとつである。ここまで行くと、奇妙もよいところだと言ってもよいだろう。

欽定憲法のスタイル

この反対のスタイルもある。

ある国が憲法を採用し、立憲政体をスタートさせた。でもそれは絶対に、社会契約説とは関係がない。市民革命とも関係がない。関係があってはならない、と言い張る場合だ。いわゆる欽定憲法が、こうしたスタイルをとる。

それまで専制政治をしてきた君主が、そろそろ憲法があってもいいころだ、と立憲政体を採用する。その場合には、

憲法制定権力（実体は、君主の大権）⇩ 憲法

というかたちになる。

＊

憲法が正統なのは、どうしてか。憲法を制定した、君主の権力が正統だからだ。

ロジックはすっきりしているようだが、矛盾がある。どうしてかと言うと、憲法の正統性（合法的で完結している）と、君主の権力の正統性（伝統的で超法律的である）とが、内容が正反対だ

からだ。

実際、立憲政体に移行した多くの君主国では、憲法が定着すると、君主はしだいにお飾りのようになった。お飾りとは、言うなら、「君主機関説」である。お飾りなら、なくてもかまわないだろうと、ただの共和制に移行してしまう例も続出した。

＊

明治の帝国憲法も、こういうスタイルをとっている。よって、潜在的な危険（不安定）を抱えている。どうしたらよいだろうか。

帝国憲法の場合

伊藤博文や井上毅《いのうえこわし》、伊東巳代治《いとうみよじ》、金子堅太郎《かねこけんたろう》ら、帝国憲法の起草に関わった人びとが、いちばん頭を悩ませたのはこの点であった。

＊

立憲君主制に移行するとは、要するに、天皇機関説に立つということである。憲法を読めば、天皇はお飾り（国家機関）だということがわかる。わかるようでなければ、憲法としてよく書けているとは言えない。

そして、帝国憲法の正統性を、どう担保するか。

帝国憲法がスタートする前も、後も、主権者は天皇。その天皇が、自分の権限（君主としての大権 prerogative）を行使して、憲法を制定した。典型的な、欽定憲法である。

帝国憲法はなぜ、正統か。憲法を制定した、天皇の大権が正統だからだ。天皇の大権が、憲法制定権力である。

これで十分なのだが、ここで議論が終わってしまうと、ヨーロッパの君主の場合と同じである。なぜ君主なのですか。昔から君主だったからです。なるほど。その君主が、実際に政治を行なっているのなら、それでよい。政治が機能しているから。でも、立憲政体に移行するとは、君主が政治をやめてしまうということ。お飾りになる、ということだ。このとき、人びとの君主に対する信頼を、どのように確保するのか。

イギリスの場合

補助線として、イギリス王室の場合を考えてみる。

イギリスの王室は、ふたつの工夫で、この問題をうまく潜り抜けている。

ひとつは、成文憲法を持たないことである。

イギリスは、立憲君主制と言われるが、成文憲法がない。慣習と不文律によって、運営されている。慣習と不文律は、ルールに従っているのかその都度、行為者の判断が介在する。よって君主が、完全な「お飾り」になることが避けられている。

もうひとつは、英国国教会の存在である。

ヘンリー八世はカトリック教会と絶縁し、自らを首長とする英国国教会を立ち上げた。以来、英国国王は、英国国教会をリードする。信仰の守護者として、国民の精神生活のなかに特別の位置をもつ。

以上のふたつが、イギリスの立憲君主制が、特別である点だ。特に後者、英国国教会の存在は、伊藤博文たちの興味をひいた。

現人神の神話

ヨーロッパの君主制は、イギリスの王室を含めて、しばしば王朝が途絶する。中国も、王朝が途絶する。それに対して日本の皇室は、途絶することなく、天皇の位を伝えている。この点がすぐれているとして、江戸時代の儒者や国学者らが注目していた。

皇室が途絶することなく、続いているのはどうしてか。

それは天皇が、祭祀を担っているからである。天皇は、皇祖（アマテラス）を祀り、アマテラスと一体化し、日本人民のうえに君臨する。必ずしも権力を担うわけではないので、権力を失って打倒されることもない。権力を担うのではなく、神道の祭祀を通じて正統性を担保することが、その役割である。

＊

という天皇の像が、歴史の実態と合っているかと言えば、合っていない。そこで、こうしたイメージに合わせて、化粧をほどこす必要がある。

まず、天皇が京都から東京に移ったのを機会に、宮中三殿をこしらえて、祭祀に専念させる。仏教との深いつながりは、なかったことにする。歴史のエピソードも、なるべく都合のよいところに焦点をあてる。江戸時代、『大日本史』を編纂するなどして議論してきた蓄積があるので、要領はわかっている。

＊

こうして出来あがるのが、「現人神としての天皇」である。

現人神としての天皇は、帝国憲法の「憲法制定権力」の場所に、ぴったり収まる。憲法を正統化し、立憲政体の土台を据えるため、不可欠のピースである。

だが天皇は、それ以上の存在である。並みの君主は、たまたま旧体制の統治者をつとめていた。本来、憲法によって用済みとなる存在である。現人神《あらひとがみ》としての天皇は、いつ天皇が存在するようになったのか、その端点がみえない。天地の始まり、日本の始まりに、その起源をもつのだという。選択の対象でないものは、廃棄することができない。日本国と運命的に結びついている、という天皇像を、成立させることができたのだ。

現人神のさじ加減

天皇を、現人神として作り込む。これをしないと、帝国憲法の立憲政体は安定しない。けれどもやり過ぎると、帝国憲法は近代的な立憲政体でなくなる。そこで必要なのは、微妙なさじ加減だ。

*

『憲法義解』をよく読むと、あちこちに、天皇の現人神っぽい記述が挟まっている。たとえば、さきに紹介した第一条を解説する部分（引用26）の続きには、こうある。

28.《統治ハ大位ニ居リ大権《たいけん》ヲ統《す》ヘテ國土及臣民ヲ治ムルナリ古典ニ天祖ノ勅《ちょく》ヲ擧《あ》ケテ瑞穂國《みずほのくに》ハ[*1]是我子孫可王ノ地[*2]宜爾皇孫就而治焉ト云ヘリ又神祖ヲ稱《とな》ヘタテマツリテ始御國天皇《はつくにしらすすめらみこと》ト謂《い》ヘリ…（中略）…所謂《いわゆる》「シラス」トハ即チ統治ノ義ニ外ナラス蓋祖宗《けだしそそう》其ノ天職ヲ重ンシ君主ノ徳ハ八洲臣民ヲ統治スルニ在《あり》テ一人一家ニ享奉《きょうほう》スルノ私事ニ非《あら》サルコトヲ示サレタリ此《こ》レ乃《すなわち》憲法ノ據《より》テ以テ其《そ》ノ基礎ト爲《な》ス所ナリ》（伊藤・2f）

日本書紀からアマテラスの神勅の部分（引用12）を引用しつつ、始御国天皇（はつくにしらすすめらみこと）以下、歴代天皇が日本を統治してきたのだとのべる。こういう事実が、天皇の統治の大権の背景だというわけである。

帝国憲法は両義的

帝国憲法は、立憲政体は法の支配にもとづいて運行すること（天皇機関説）をのべるいっぽう、ところどころに、現人神としての天皇の姿（天皇親政説）が顔を出す。

＊1 **是我子孫王ノ地**　是《こ》れ吾《あ》が子孫《うみのこ》の王《きみ》たるべき地《くに》なり。
＊2 **宜爾皇孫就而治焉**　宜《よろ》しく爾皇孫《いましすめみま》就《ゆ》きて治《しら》せよ。

『憲法義解』も、ベースは天皇機関説でありながら、現人神としての天皇のイメージが挟まっている。

もともと日本の立憲体制は、このどちらとも取れるような、玉虫色の両義的な姿をしていた。矛盾するふたつの要素が、同居していた。それを、「天皇＝現人神」によって割り切ってしまおうという運動が、国体明徴運動であった。

この運動が、日本で起こったことは興味ぶかい。なぜなら、立憲君主制を取り入れた国は多くあるが、これに類似する運動が起こった例は見当たらないからである。

＊

帝国憲法の立憲的な君主像（天皇機関説）は、その反対物である、現人神のイメージを必要とした。では、現人神としての天皇（天皇親政説）のほうは、それだけで完結できるものなのか。その反対物である、立憲君主としての天皇を必要としないのか。

この問題を考えるには、現人神である天皇の性質を、仔細に検討する必要がある。

現人神の正体

『國體の本義』の説明を参考に、現人神の性質を考えてみる。

（1）天照大神の子孫である。（逆に言えば天皇の祖先は、天照大神である。）天照大神と天皇とは、血がつながっている。

このことは、よく考えると、確かめようのないことである。事実かどうか、疑問の余地がある。しかし、疑いの余地がないことになっている。それはなぜかと言えば、第一に、古い書物（古事記、日本書紀）に、そうだと書いてある。第二に、天皇は、皇祖皇宗の祀る祭祀を行なっている。先祖だから祀っているのだが、祀っているから先祖なのだとも言える。第三に、人びとがみなこのことを信じている。そうならば、自分だけが信じないわけにはいかない。

（2）天照大神の神勅を受けている。天皇は、日本国を統治する、神聖な資格と義務がある。

神勅は、ニニギノミコトに下された。しかし、「子孫が統治するように」という命令なので、神勅は歴代の天皇に及んでいる。

（3）天照大神から下された鏡を、天皇は持っている。鏡を祀る儀式を通じて、天皇は天照大神の心と一体化し、身体と一体化する。そのようにして、人間でありながら、同時に神としても存在することになる。よって、現人神としての性質をもつ。

（4）天皇は、神話と現在をつなぐ存在である。神々と人間が共在していた、神代の時代の伝統を、世界で唯一受け継いでいる。

このことは、本居宣長が『馭戎慨言《ぎょじゅうがいげん》』などで強調していた。日本は、アルカイックな伝統と世界観とを今に伝える、世界で唯一の国である。そうでない国々に比べて、優れている。

（5）天皇は、唯一の正統な統治者である。

ほかの誰かが統治の実権を握っていても、憲法など法制度によって制約されていても、天皇は、実際に政治を担当する資格と潜在能力をもっている。天皇が自ら統治を行なうのが、正しい姿である。

以上のような条件を兼ねそなえているのが、現人神としての天皇である。

＊

現人神がこうしたものだとすると、つぎのような性質をもつ。

A. 天皇の起源は、神話時代で、理性によっては確認できない。

⇩　理性的でなく、神秘的である。

B. 神話時代と歴史的現在が、連続している。

⇩　ロマン主義的である。

C. 天皇と人民は、天照大神を通じて、選択の余地なく結びついている。

⇩　契約説でなく、ナショナリズムの運命共同体である。

Aも、Bも、Cも、伝統的で前近代的な見かけをしている。けれどもそれらが、近代的な観念であることに注意しよう。

Aは、理性の働く範囲を区画し、合理的な世界の前提を明示する。Bは、神話的な世界の出来事が、現在世界を一方的に駆動する作用であることを発見する。Cは、ナショナリズムの共同性を、選択の余地のない選択というかたちで明らかにする。

現人神の観念は、こうして、幕末維新の時期に練り上げられたのだ。

天皇は神裔

『國體の本義』は、天皇が現人神であることを、順番に説明していく。

29．《天皇は天照大神の御子孫であり、皇祖皇宗の神裔《しんえい》であらせられる。…歴代の天皇は、天ツ神の御子孫として皇祖皇宗を敬ひまつり、皇祖皇宗と御《ご》一體《いつたい》になつて御位にましますのである。…

天皇は恆例及び臨時の祭祀を最も嚴肅《げんしゆく》に執《と》り行はせられる。…特に御一代一度の大嘗祭《だいじようさい》竝《なら》びに年毎の新嘗祭《しんじようさい》には、夜を徹して御親祭《ごしんさい》遊ばされる。これは皇孫降臨の際、天照大神が天壤無窮の神勅と神器とを下し給ふと同時に、齋庭《ゆには》〔41〕の稲穂《いなほ》を授けさせられたことに基づくのである。》（24 f）

…天皇の位にあることは、これらの祭祀を行なうことにほかならない、と説明されている。

祭政一致

30．《…故に神を祭り給ふことと政をみそなはせ給ふこととは、その根本に於て一致する。又天皇は皇祖皇宗の御遺訓を紹述《しようじゆつ》し、以《もつ》て肇國《ちようこく》の大義と國民の履踐《りせん》〔42〕すべき大道とを明らかにし給ふ。こゝに我が教育の大本が存する。從つて教育も、その根本に於ては、祭祀及び政治と一致するのであつて、卽ち祭祀と政治と教育とは、夫々《それぞれ》の働《はたらき》をなしながら、その歸《き》す

〔41〕**齋庭**　神を祀るために斎《い》み清めた場所。　〔42〕**履踐**　実践すること。

るところは全く一となる。》(26)

…祭政一致、また教育との一致をのべている。

国土経営

31.《…皇孫瓊瓊杵《ににぎ》ノ尊は天照大神の神勅を奉じ、諸神を率ゐて降臨し、我が國永遠不動の礎を定め給ふた。爾來《じらい》日向に於て彦波瀲《(ひこなぎさ》武《たけ》鸕鷀《う》草葺不合《がやふきあへず)》ノ尊まで代々養正《ようせい》(43)の御心を篤《あつ》くせられたのであるが、神武天皇に至つて都を大和に奠《さだ》めて、元元《(おほみたから)》を鎭め、上は乾靈授國《けんれいじゅこく》(44)の御徳《おんとく》に應《こた》へ、下は皇孫養生の御心を弘《ひろ》め給うた。》(27)

《景行天皇の御代に、日本武《やまとたける》ノ尊をして熊襲《くまそ》・蝦夷《えぞ》を平定せしめられた場合も亦《また》全く同様《どうよう》である。更に神功皇后が新羅に出兵し給ひ、桓武天皇が坂上ノ田村麻呂をして奥羽の地を鎭めさせ給うたのも、近くは日清・日露の戰役も、韓國の併合も、又滿洲國の建國に力を盡《つ》くされたのも、皆これ、上は乾靈授國《けんれいじゅこく》の御徳に應へ、下は國土の安寧と愛民《あいみん》の大業をすゝめ、四海に御稜威《みいつ》(45)を輝かし給はんとの大御心の現れに外ならぬ。》(28)

…国土経営のあり方、そして近隣諸国との関係について、のべている。

おほみたから

32.《天皇の、億兆に限りなき愛撫を垂れさせ給ふ御事蹟は、國史を通じて常にうかがはれる。

畏《かしこ》くも天皇は、臣民を「おほみたから」とし、赤子《せきし》〔46〕と思召されて愛護し給ひ、その協翼《きようよく》〔47〕に倚藉《いしや》〔48〕して皇猷《こうゆう》〔49〕を恢弘《かいこう》〔50〕せんと思召されるのである。…

天照大神が、皇孫を御降しになるに先立つて、出雲の神々の恭順を勧《すす》め給ふ際にも、平和的手段を旨とし、大國主ノ神の恭順せられるに及んで、宮居を建てて優遇し給うた。…

歴代の天皇が蒼生《そうせい》〔51〕を愛養《あいよう》して、その衣食を豊《ゆた》かにし、その災害を除き、ひたすら民を安んずるを以て、天業恢弘の要務となし給うたことは更めて説くまでもない。…》（28 f）

…歴代天皇が、人民を愛育してきたことの説明。垂仁天皇、仁徳天皇、雄略天皇、醍醐天皇、後醍醐天皇、後奈良天皇、の事蹟が紹介される。明治天皇については、次のようにのべる。

33.《維新前後より國事にたふれた忠誠なる臣民を、身分職業の別なく、その勲功を賞して、靖國神社に神として祀らせられ、又天災地變《てんさいちへん》の際、畏くも御救恤《きゆうじゆつ》〔52〕に大御心を注がせ給うた御事蹟は一々擧《あ》げて數《かぞ》へ難き程である。…

尚、歴代の天皇は臣民の守るべき道を懇《ねんご》ろに示し給うてゐる。即ち推古天皇の御代には憲法十七條の御制定があり、近く明治二十三年には「教育ニ關スル勅語」を御下賜《ごかし》遊ばされた。まことに聖徳の宏大無邊《こうだいむへん》なる、誰か感佩《かんぱい》せざるものがあらうか。》（31 f）

…明治になって急造された「臣民」の概念が、古くからの日本の伝統であるかのごとくに、さらりと書き込まれている。

〔43〕**養正** 正義の心を養うこと。〔44〕**乾靈授國** 「乾靈」は天津《あまつ》神《かみ》の意。天津神が国を授けた。〔45〕**御稜威** 天皇の威光。〔46〕**赤子** 人民。国民。〔47〕**協翼** 助けること。〔48〕**倚藉** 頼ること。〔49〕**皇猷** 天皇の計画。〔50〕**恢弘** 押し広めること。〔51〕**蒼生** 人民のこと。〔52〕**救恤** 困窮者を救い、恵むこと。

だめな天皇

『國體の本義』は、天皇が人民を憐れみ、善政を行ない、まともなよい政治をした、という事例のオンパレードである。けれども、歴代の天皇のなかには、だめな天皇やどうしようもない天皇も大勢いた。それらの天皇はあたかも、存在しなかったかのように、都合のよいフィルターをかけ、歴史の隅のほうに片づけられている。

避けられている問題は、なにか。天皇がアマテラスの神勅に従わなかった場合、どうしたらよいのかという問題である。

*

水戸《みと》光圀《みつくに》の構想で始まった『大日本史』の編纂事業に、加わったことのある栗山潜鋒《くりやませんぽう》という学者がいる。

当時の儒学者は、朱子学の正統論を、日本の歴史にあてはめようと、あれこれ議論していた。中国から亡命してきた明朝の遺臣・朱舜水《しゅしゅんすい》は、楠木正成らを、忠臣であると讃えたりした。（このあたりの事情を、山本七平『現人神の創作者たち』が掘り下げていて、とても参考になる。）天皇が神勅に忠実であるなら、なぜ政治の実権を失って、武家政権に座を譲ったのだろうか。

中国では君主は、天命により徳をそなえて統治する。徳を失えば、天命を失って、その王朝は政権の座を逐《お》われ、途絶する。中国の歴史は、この繰り返しである。儒学は、王朝の途絶と新王朝の成立を当然とし、これを正当化するロジックを用意している。それが、湯武放伐論である。（湯武放伐論とは、湯王、武王が腐敗した前王朝を武力で打倒し、新王朝を成立させたことをいうのであった。）

栗山潜鋒は『保建大記《ほうけんたいき》』を著し、だめな天皇をボロクソに批判した。天照大神が、神勅に背く不行儀な天皇を「蹴殺してやる」と書いておいてくれたらよかったのに、と残念がっているほどである。

もしも天照大神の神勅が「絶対」なら、それに従う義務のある歴代天皇は、「相対」化される。そのことをよく理解していた栗山潜鋒は、学者としてなかなか優れた資質をもっている。

＊

こうした議論は、江戸時代の儒学者のあいだでは当然のことだった。幕末の尊皇思想でも踏まえられている。『國體の本義』の書き手は、それをよくよく承知のうえで、ほっかむりしているのだ。

列王記

旧約聖書に、『列王記』という書物がある。イスラエルの民の王となった、サウル、ダビデ、ソロモンの事蹟や、南北の王国に分裂したあとの両国の歴代王朝の王たちの統治の歴史が、細かく記されている。記事の最後に、それぞれの王についてコメントが付してある。

読んでみると、大部分の王が、最低評価を与えられている。ボロクソである。評価の規準は、神ヤハウェに忠実であったか否か。王たちは、偶像を拝んだり、律法をないがしろにしたり、外国と結んだり、やりたい放題でどうしようもなかった。神が絶対であり、神との契約が絶対である。ゆえに、神からみて問題があり罪深い王は、評価が低くなる。

列王記は、歴代の王の事蹟を、神という絶対の評価規準から、判断し評価する歴史の書である。歴史的出来事の移りゆきと独立に評価の軸があるので、一貫した歴史の記述が成り立つ。

天命と神勅

中国の人びとが歴史が得意なのも、評価の規準がはっきりしているからである。

儒学は、価値や行動の規準となる、古典（五経）をもっている。政治にたずさわる者は君主も士《し》大夫《たいふ》も、これを学習し、みずからの判断や行動の規準としなければならない。

こうした規準は、古典（五経）から導かれる。過去に書かれた書物なので、現在の政治情勢や利害関係から独立している。天命は、天が君主（皇帝）に下すもので、大勢の候補のなかから適任のものを選び出す。君主（皇帝）は、自分が適任である（徳がある）ことを、証明し続けなければならない。証明責任は、君主（皇帝）の側にある。天は、それをチェックし、規準に照らして、あまりにも目に余る場合には、天命を取り消して、ほかの誰かに天命を与える。「革命」である。天と皇帝の間に、別に血のつながりはなく、赤の他人だから、ドライなものである。

これが、儒学（中国の政治哲学）の大原則だ。

＊

これを、神勅と比べてみると、対照的である。

神勅は、天命と違って、赤の他人ではなく身内（皇孫）に下されている。血がつながっている。天皇は、皇孫の子孫であるから、やはり血がつながっている。契約なのか、血縁関係なのか、境目がはっきりしない。

神勅は、守られたかどうかの規準がはっきりしない。いわば、丸投げである。適当に統治しなさい。きちんと任務を果たしたかどうかの、証明責任もなければ、契約の打ち切り（革命）もない。血のつながりは、天照大神といえども、打ち切ることができない。

＊

神勅は、契約としての性質を、いちじるしく欠いている。

このことが、日本の統治者の、ひいては日本人全体の、思考や行動様式に大きな影響を与えている。

徳があるのか

こうして、『國體の本義』の皇国主義は、なかみが儒学とまるで違ったものになる。

儒学であれば、天皇に、統治者としての資質（徳）がそなわっているかを、まず批判的にチェックする。栗山潜鋒も、日本史をそのように考察した。

だが、神勅によって、天皇の統治を正統化しようとすると、そのロジックはとれない。天皇に徳があるのか。天皇に徳が、あるならよいが、ないからだめでもない。いや、天皇であれば、徳は自然にそなわってくる。苦しまぎれもよいところだ。

統治者に、「統治者としての資質が自然にそなわる」のなら、苦労はいらない。『國體の本義』に書いてあるのは、要するにそういうことである。

*

先に引用した部分（引用21）を、再掲しておこう。

34.《…我が國に於ては、皇位は萬世一系の皇統に出でさせられる御方によつて繼承《けいしよう》せられ、絶對《ぜつたい》に動くことがない。さればかゝる皇位にまします天皇は、自然にゆかしき御徳をそなへさせられ、從つて御位は益〻鞏《かた》く又神聖にましますのである。臣民が天皇に仕へ奉るのは所謂義務ではなく、又力に服することでもなく、止《や》み難《がた》き自然の心の現れであり、至尊《しそん》に對《たい》し奉る自らなる渇仰隨順《かつごうずいじゅん》である。》（18 f）

…天皇は、その地位にあることによって、自然に徳がそなわる。臣下の人びとは、義務でも強制力でもなく、ただ自然に天皇に服従することになっている。

これが『國體の本義』の、皇国主義のロジックである。

忠孝一如

いまのべたロジックは、同様に先に引用した部分（引用1）にある、「一大家族国家」との規定とつながっている。

35.《大日本帝國は、萬世一系の天皇皇祖の神勅を奉じて永遠にこれを統治し給ふ。これ、我が萬古《ばんこ》不易《ふえき》の國體である。而《しこう》してこの大義に基づき、一大家族國家として億兆一心聖旨を奉體《ほうたい》して、克《よ》く忠孝の美徳を發揮する。これ、我が國體の精華とするところである。》（9）

「一大家族国家」とは、どういう意味か。

君主と臣下は、血のつながりがあり、家族である。君主と臣下の関係は、契約ではなく、切っても切れない。統治の関係は、権力なのか庇護なのか愛情なのか、わかりにくい。官僚組織における、政治的リーダーに対する服従（忠）と、親族組織における、年長者に対する服従（孝）とが、分離せずに合体している。

「忠と孝が一体である」は、江戸儒学の主張である。江戸時代には、行政組織が藩で、大名のイエだった。だから、忠と孝とを区別する必要がなかった。幕藩制に合っている。これを「忠孝一如」という。中国の儒学では、ありえない主張で、中国のテキストには合わないわけだが、こういう議論が通用していた。

『國體の本義』の皇国主義はこの、忠孝一如を踏襲している。その「一大家族国家」の考え方は、イエ制度とシンクロしているのである。
忠孝については、また追ってのべよう。

1・3 臣民

臣民は要注意

『國體の本義』には、臣民の語が頻出する。帝国憲法にも、臣民の語が頻出する。臣民の語は、明治日本のキーワードである。

けれども、臣民という語には、注意が必要だ。

戦後、日本国憲法では、臣民は国民に置き換わった。けれども、外国の書物の翻訳書をみると、現在でもかなりの頻度で「臣民」の訳語が使われている。西欧のテキストに「臣民」にあたる概念も語もないのだから、これは困った訳だと言わねばならない。subjectというつもりで、臣民を使っているのだろう。

臣と民

「臣民」という言葉の成り立ちを考えみる。
「臣民」という言葉は、漢語（儒学）の響きがある。しかし、日本人が近代にこしらえた造語だと思う。「人民」と言いたくなかった。「人民」は、アメリカ合衆国憲法やフランス共和国憲法に出てくるが、社会主義や共産主義の文献にも頻出する。人民には、君主と対立する、自己権力をもっている、などの響きがある。わが国にふさわしくない。そこで、「臣民」という言葉が造られたのだ。

*

「臣」とは古代中国で、もともと男性の家内奴隷を意味した。女性の家内奴隷は「妾」といった。身分は、自由民ではなく、主人に従属している。その主人が、都市国家のリーダーから地位を高め、いくつもの都市国家を束ねる王国の君主（王）になった。それにつれて、臣も、君主のもとで行政を担当する、官僚となった。臣の地位が上昇したため、自由民のなかにも、進んで臣となるものが増えていった。

臣は、君主のために働く、統治階級の一員である。

これに対して「民」は、農民であった。眼をつぶされて血か涙が流れている図像を、かたどった図像文字が「民」だとも言われる。君主の支配を受け、税を負担し、役務にもつく、被統治階級の一員である。

このように、「臣」と「民」は、対立する概念である。臣は統治する側、民は統治される側。どちらも君主に服属するが、その意味が異なる。この両方をまとめてひとくくりにする必要は、中国にはなかった。

*

ところが、臣+民をくっつけた臣民が、日本ではキーワードになった。臣と民は、独立した存在でなく、一体である。臣民でないのは、天皇（と皇族）のみ。日本の人びと全員が、天皇に服従し、ひとつの共同体をつくる。忠孝一如とメダルの表裏の関係にある、考え方である。

臣民という言葉は、人民のように一般の人びとを指すのだが、自動的に天皇に対する服従を刻印されてしまう。天皇を中心とする政治秩序に統合されることを含意してしまう。臣民という言葉は、こういう効果をねらってうみだされた、イデオロギー性の高い言葉なのである。

臣民の忠節

国体を支えるのが、その臣民である。『國體の本義』はいう。

36.《…臣民の道は、皇孫瓊瓊杵《ににぎ》ノ尊の降臨し給へる當時、多くの神々が奉仕せられた精神をそのまゝに、億兆心を一にして天皇に仕へ奉るところにある。卽《すなわ》ち我等は、生まれながらにして天皇に奉仕し、皇國の道を行ずるものであって、我等臣民のかゝる本質を有することは、全く自然に出づるのである。》（32 f）

…臣民は、意思して臣民になるのではない。「生まれながら」に「自然に」天皇に奉仕するようになる、という。そしてそれは、その昔、ニニギノミコトが降臨したときに大勢の神々が協力したのと同じことだ、という。

＊

臣民の特徴を、箇条書きに整理してみよう。

1. 一体である（天皇のもとにまとまってひとつの団体を形成する）。

2. 自然である（契約によるのでない）。

3. 神々の共同体とパラレルである。

1の性質は、国民の共同体の条件をみたす。そこには、身分や階級や、人びとのあいだの違いに関わらないからである。「我等は臣民として対等」なのだから、伝統社会をより平等な人間関係につくり変える、近代化の作用がある。

2の性質は、社会契約説と反対である。天皇は、統治契約によるのでなく、神勅によって天皇なのだった。そして、天皇の地位にあると、自然に徳（統治者としての資格と能力）をそなえるのだった。それと対応するように、臣民は、生まれながらに、天皇に奉仕するよう生き始める。それ以外の選択肢はないのである。

3の性質は、こうした臣民の行動様式が、高天ヶ原の神々の行動様式とパラレルで、それを再生産するものであることを言っている。高天ヶ原でも、人間社会でも、ものごとは相談と合意によって進む。ちなみに、このようにパラレルであるから、天皇のために命を捧げた「国事殉難者たち」は靖国の英霊（神々）となることができるのである。

人民との違い

臣民は、人民とは違うのだと、『國體の本義』も念を押している。

37.《我等臣民は、西洋諸國に於ける所謂《いわゆる》人民と全くその本性《ほんせい》を異にしてゐる。君民の關係《かんけい》は、君主と對立《たいりつ》する人民とか、人民先《ま》づあつて、その人民の發展《はってん》のため幸福《こうふく》のために、君主を定めるといふが如《ごと》き關係ではない。然《しか》るに往々にして、この臣民の本質を謬《あやま》り、或《あるい》は所謂《いわゆる》人民と同視し、或は少くともその間に明確な相違あることを明らかにし得ないもののあるのは、これ、我が國體の本義に關し透徹した見解を缺《か》き、外國の國家學說を曖昧な理解の下に混同して來るがためである。…我が天皇と臣民との關係は、一つの根源より生まれ、肇國以來一體《いらいいったい》となつて榮えて來たものである。これ卽ち我が國の大道であり、從つて我が臣民の道の根本をなすものであつて、外國とは全くその選《せん》を異《こと》にする。…こゝに世界無比の我が國體がある…。》（33f）

…臣民は、人民と異なって、国の初めから天皇と一体になっており、外国に例をみない、すぐれた国体であることをのべている。

忠の道

続けて、『國體の本義』は、忠について、まとめてのべている。

38.《…天皇に奉仕し、天皇の大御心を奉體《ほうたい》することは、我等の歴史的生命を今に生かす所以《ゆえん》であり、こゝに國民のすべての道徳の根源がある。
忠は、天皇を中心とし奉り、天皇に絶對隨順《ぜったいずいじゅん》する道である。絶對隨順は、我《が》を捨て私《し》を去り、ひたすら天皇に奉仕することである。この忠の道を行ずることが我等國民の唯一の生きる道であり、あらゆる力の源泉である。されば、天皇の御ために身命《しんめい》を捧げることは、所謂自己犠牲《ぎせい》ではなくして、小我《しょうが》を捨てて大いなる御稜威《みいつ》に生き、國民としての眞生命を發揚《はつよう》する所以である。天皇と臣民との關係は、固《もと》より權力《けんりょく》服從の人爲的關係ではなく、また封建道徳に於ける主從の關係の如きものでもない。…天皇と臣民との關係を、單《たん》に支配服從・權利義務の如《ごと》き相對的《そうたいてき》關係と解する思想は、個人主義的思考に立脚して、すべてのものを對等な人格關係と見る合理主義的考へ方である。個人は、その發生の根本たる國家・歴史に連なる存在であつて、本來それと一體《いったい》をなしてゐる。…》（34 f）

…忠は、個人の君主に対する関係と考えてはならない。天皇と臣民はそもそも一体のもので、臣民が仮に身命を捧げるとしても、それは真生命を生きることである。これが道徳の根源で、この忠（天皇に対する絶対随順）を実践することが、国民の唯一の生きる道である、としている。

また、続けて言う。

39.《…皇祖と天皇とは御親子《ごしんし》の關係にあらせられ、天皇と臣民との關係は、義は君民にして情は父子《ふし》である。この關係は、合理的義務關係よりも更に根本的な本質關係であつて、こゝに忠の道の生ずる根據《こんきょ》がある。…我が君臣の關係は、決して君主と人民と相對立する如き淺《あさ》き平面的關係ではなく、この對立を絶した根本より發し、その根本を失はないところの沒我歸一《ぼつがきいつ》の關係である。それは、個人主義的な考へ方を以《もつ》てしては決して理解することの出來ないものである。》(36)

…忠は、君臣の本質的関係にもとづくもので、個人主義によっては決して理解できない、とのべている。

「対立を絶した根本より発する」「没我帰一」などの用語や全体の発想は、ヘーゲル哲学、弁証法、西田哲学、田辺哲学などをこっそり踏まえていよう。

＊

天皇と臣民とが調和し、無矛盾に一体となることができるのは、祭祀のおかげである、と『國體の本義』は説明を続ける。

40.《…私《し》を立て、我《が》に執《しゅう》し、個人に執著するがために生ずる精神の汚濁、知識の陰翳《いんえい》を祓《はら》ひ去つて、よく我等臣民本來《ほんらい》の清明《せいめい》な心境に立ち歸《かえ》り、以《もつ》て忠の大義を體認《たいにん》[53]しなければならぬ。

天皇は、常に皇祖皇宗を祀り給ひ、萬民に率先して祖孫一體の實《じつ》を示し、敬神崇祖の範《はん》を垂れ給ふのである。又我等臣民は、皇祖皇宗に仕へ奉つた臣民の子孫として、その祖先を崇敬し、その忠誠の志を繼《つ》ぎ、これを現代に生かし、後代に傳《つた》へる。かくて敬神崇祖と忠の道とは全くその本を一にし、本來相離れぬ道である。かゝる一致は獨《ひと》り我が國に於てのみ見られるのであつて、こゝにも我が國體の尊き所以《ゆえん》がある。》(37)

…天皇が、皇祖皇宗を祀る。臣民の先祖は、皇祖皇宗をに仕えた。その子孫である臣民は、祖先の志を継ぐ。皇祖皇宗を祀ることと忠とは、まったくひとつのものである、というシンプルな論理をのべている。天皇の祖先(皇祖)は、臣民の祖先でなく、臣民にとって神である、とされている点に注意。

忠君と愛国

敬神崇祖と忠が一致するのに加えて、愛国もそれと一致する、という。

41.《…抑〻《そもそも》我が國は皇室を宗家《そうけ》〔54〕とし奉り、天皇を古今に亙《わた》る中心と仰ぐ君民一體の一大家族國家である。…忠君なくして愛國はなく、愛國なくして忠君はない。》(38)

…この節に続けて、外国にも愛国はある、ただし、わが国のように忠君と一体で、敬神崇祖と一致するものではない、と注記を加えている。

以上を例証するため、万葉集の大伴家持《おおとものやかもち》の有名な歌をひいているので、引用しておく。

42.《海行かば　水漬《みづ》くかばね　山行かば　草むすかばね　大皇《おほきみ》の　邊《へ》にこそ死なめ　かへりみは　せじ》(39)

…この歌は、万葉集に収められた長歌の一部。一九三七(昭和一二)年に信時潔《のぶときききよし》の作曲で「海

〔53〕體認　深く了解すること。〔54〕宗家　本家《ほんけ》の意。

行かば」という歌謡になった。戦時にNHKラジオや式典などさまざまな機会に演奏され、人びとに記憶された。

43.《…まことに政治にたづさはる者も、産業に従事する者も、将又《はたまた》、教育・學問に身を献《ささ》げる者も、夫々《それぞれ》ほど〳〵に身を盡《つ》くすことは、卽ち皇運を扶翼し奉る忠の道であつて、決して私の道ではない。》(42)

…世俗の職業に従事することはすべて、忠の道であって、私の道ではない。「忠の道であり、同時に、私の道である」なら、問題がない。市場経済や資本主義は、私利の追求をルールとするからである。しかし、「忠の道であるから、私の道でない」では、かえって無規範(アノミー)が生じることになろう。

忠の序列

忠の道と私の道を対立するものとする『國體の本義』の考え方は、忠の序列をうみだすことになる。

世俗の職業に従事する人びと(民間人)と、政府の職員(官員)とでは、政府の職員が優位である。なぜなら、政府の職員は、天皇に直属する組織に属し、天皇に近いからだ。

政府の職員のなかでは、軍人と、それ以外の職員とでは、軍人が優位する。なぜなら、軍人は、天皇の命令で命をかけ、職務を果たすものだからだ。戦時に戦う前提なので、平時にもほかの政府職員より優位に立つ。昭和動員体制で、軍部が優位に立ち、軍部が国家を動かすほどの権力を手に入れたのは、「忠の道と私の道とは相反する」とした『國體の本義』のテーゼの、論理的帰結である。

*

この、忠の序列の考え方は、ルターが宗教改革でのべた、「天職」の考え方と正反対である。ルターによれば、どの職業も、神がそのひとに与えた天職で、同様に尊い。ルターはカトリックの聖職の考え方を批判するつもりで、そうのべた。ところがそれは、近代社会のモラルの基本を確立する効果をもった。どの職業も同様に尊いのなら、封建的な身分は成立しない。世俗の職業に従事する商人や職人や農民は、政府職員や軍人と、対等である。軍人が政府職員より優位する、という理屈も成り立たない。

ルターの天職は、職業を通じて神に奉仕するものだが、人間の組織を介在しない。神が人びとめいめいに、職業を割り当てる。人びとは、職業に従事することで、隣人愛を実践し、神に奉仕する。人が人の上に立つ関係は、あってはならないものとして、排除されている。人が人の上に立つようにみえても（たとえば、上官が部下に命令するようにみえても）、それは各人が職業上の役割を果たしているだけである。上官に従属しているわけではない。役割と契約によって社会を組織するのが、近代社会なのだ。

*

これに対して、皇国主義では、「上官の命令は、天皇陛下の命令と思え」という言い方が成り立つ。「オレの言うことが聞けないのか」という言い方も成り立つ。どちらも、近代社会を蝕むアノミーをうみ出す。

君側の姦

忠の序列と関連した現象に、「君側《くんそく》の姦《かん》」がある。

君側の姦とは、天皇は純粋で正しいのに、それを補佐する役割の政府の重臣が邪悪で間違っており、その結果、正しくない政治が行なわれる現象である。天皇親政説に立脚する人びとは、しばしばこのように考える。そして、「君側の姦」を取り除くため、直接行動を起こして重臣を殺害しよう、などの行動を起こす。

＊

「君側の姦」のロジックを取り出してみると、こうである。

（1）天皇は、慈愛に満ち、純粋で、正しく、つねに善い意図をもっている。

（2）その意図が実現しないのは、天皇の側にいる重臣たちが、妨害するからだ。

（3）重臣たちは、忠よりも、私心（個人的利害や権力欲）を優先している。

（4）私心のない我らが命を捨て、直接行動を起こせば、天皇の仁政が復活する。

天皇親政説は、天皇が直接に政治を行ないさえすれば、仁政《じんせい》（善い政治）が人びとに及んで、社会が正常化すると考える。だが実際の社会は、そうした理想からほど遠い。それは、天皇の側近である重臣たちが、太陽を遮《さえぎ》る黒雲のように、それを妨害しているからだ。天皇（だけ）がすべての問題を解決する力をもち、重臣（だけ）がそれを妨げる能力をもっている。問題の、極端な単純化である。だが、そうした単純化は、『國體の本義』が説く、国体の理想的な状態にも、共通するのである。

孝の道

さて、忠に並ぶ徳目である孝について、『國體の本義』はこうのべる。

44.《我が國に於ては、孝は極めて大切な道である。孝は家を地盤として發生《はっせい》するが、これを大にしては國を以《もっ》てその根柢とする。孝は、直接には親に對《たい》するものであるが、更に天皇に對し奉る關係に於て、忠のなかに成り立つ。

…我が國體に則とつて家長の下に渾然融合したものが、卽《すなわ》ち我が國の家である。從《したが》つて家は固《もと》より利益を本として集つた團體《だんたい》でもなく、又個人的相對的の愛などが本となつてつくられたものでもない。生み生まれるといふ自然の關係を本とし…すべての人が…一切の運命を託するところである。》（43 f）

45.《親子の關係は自然の關係であり、そこに親子の情愛が發生する。…親は子の本源であるから、子に對しては自ら撫育《ぶいく》〔55〕慈愛の情が生まれる。子は親の發展であるから、親に對して

〔55〕**撫育** 愛し養うこと。

は敬慕報恩の念が生まれる。》(45)

…孝は家を基盤としつつも、天皇に対する関係に拡大されて、忠のなかに成立する。家もまた、天皇に対する忠の関係と、渾然融合しているという。

中国の儒学では、忠と孝が異なる原理で、ときに矛盾対立することは常識である。これに対して『國體の本義』は、孝が忠に拡大発展し、忠が孝に渾然融合するとしている。

孝と忠が独立であれば、孝は忠(政治的リーダーに対する服従)を相対化することができる。それに対して、孝と忠が独立でない(連続で融合する)のであれば、忠が絶対化しても不思議でない。軍(職務集団のひとつである)が絶対化し、玉砕や特攻が起こるのは、このような理由による。

忠孝一本

『國體の本義』はさらに念を入れて、「忠孝一本」を明言する。

忠孝一本は、江戸儒学の「忠孝一如」をリメイクしたもので、基本は同じである。違う点は、江戸儒学では忠の対象は、直属の主君である大名であり、また将軍であり天皇であるという具合に、多岐に分かれていた。それが、『國體の本義』の皇国主義では、天皇に一元化された。忠の対象は、現人神である天皇以外に、ありえないとされる。

46.《我が國の孝は、人倫自然の關係を更に高めて、よく國體に合致するところに眞の特色が存する。我が國は一大家族國家であつて、皇室は臣民の宗家《そうけ》にましまし、國家生活の中心であらせられる。臣民は祖先に對する敬慕の情を以て、宗家たる皇室を崇敬し奉り、天皇は臣民を赤子《せきし》として愛し給ふのである。…

我等の祖先は歴代天皇の天業恢弘《てんぎょうかいこう》を翼賛し奉つたのであるから、我等が天皇に忠節の誠を致すことは、…これ、やがて父祖に孝なる所以である。我が國に於ては忠を離れて孝は存せず、孝は忠をその根本としてゐる。國體に基づく忠孝一本の道理がこゝに美しく輝いてゐる。》(46 f)

…皇室は、臣民の宗家(本家)である。祖先は天皇に仕えたのだから、天皇に仕えれば祖先に孝を果たしたことになる。これが、忠孝一本の道理である、どうだ文句あるか、と言っている。

*

国際的にも、視野を拡げる。

41.《支那の如《ごと》きも孝道を重んじて、…、又印度に於ても父母の恩を説いているが、その孝道は、國に連なり、國を基《もとい》とするものではない。孝は…更に忠と一つとなるところに、我が國の道徳の特色があり、世界にその類例を見ないものとなつてゐる。》(48)

…「忠孝一本」が世界的にみて、類例のない行動パターンであることを、自覚的にのべている。

42.《まことに忠孝一本は、我が國體の精華であって、國民道徳の要諦《ようてい》である。而して國體は獨《ひと》り道徳のみならず、廣《ひろ》く政治・經濟・産業等のあらゆる部門の根柢をなしてゐる。…我

等國民はこの宏大にして無窮なる國體の體現《たいげん》のために、彌〻《いよいよ》忠に彌〻孝に努め勵《はげ》まなければならぬ。》（49）

…世俗のどんな活動も、同時に忠と孝の発現となる、としている。

和について

つぎのトピックは、和である。

43.《…和は、我が肇國《ちょうこく》の鴻業《こうぎょう》〔56〕より出で、歴史生成の力であると共に、日常離るべからざる人倫の道である。…人々が飽《あ》くまで自己を主とし、私《わたくし》を主張する場合には、矛盾對立《たいりつ》のみあって和は生じない。個人主義に於ては、この矛盾對立を調整緩和するための協同・妥協・犠牲等はあり得ても、結局眞の和は存しない。…我が國の思想・學問が西洋諸國のそれと根本的に異なる所以《ゆえん》は、實《じつ》にこゝに存する。》（50 f）

…個人主義に、和はありえない。日本は違う、とのべている。

44.《我が國の和は、理性から出發《しゅっぱつ》し、互に獨立《どくりつ》した平等な個人の機械的な協調ではなく、全《ぜん》體《たい》の中に分《ぶん》を以て存在し、この分に應《おう》ずる行を通じてよく一體を保つところの大和《たいわ》〔57〕である。…卽ち我が國の和は、各自その特質を發揮し、葛藤と切磋琢磨とを通じてよく一に歸《き》するところの大和である。…これによって個性は彌〻《いよいよ》伸長せられ、特質は美しさを致し、而も同時に全體の發展隆昌《りゅうしょう》を齎《もたら》すのである。…》（51）

…個人が、独立平等でなく、全体のなかに分をもって存在し、分に応じた行を通じて一体を保つのが、日本の和（大和）だという。

和は、聖徳太子が憲法十七条でのべて以来、日本の美徳である、と繰り返し強調されてきた。『國體の本義』は、和を、個性が伸長され、葛藤が切磋琢磨に解消される、高度な調和だとしている。

軍事力と和

日本は当時、戦争準備中だった。軍事力と和は、どういう関係にあるのだろうか。

45.《而してこの和は、我が國の武《ぶ》の精神の上にも明らかに現れてゐる。我が國は尚武〔58〕の國であ…る。併《しか》し、この武は決して武そのもののためではなく、和のための武であつて、所謂神武《しんぶ》である。我が武の精神は、殺人を目的とせずして活人《かつじん》〔59〕を眼目としてゐる。…戦争は、この意味に於て、決して他を破壊し、壓倒《あっとう》し、征服するためのものではなく、道に則とつて創造の働《はたらき》をなし、大和卽ち平和を現ぜんがためのものでなければならぬ。》（52）

…軍事力は、目的ではなく手段で、和を実現するためのものだ、と言っている。

関連して、《和の力の現れ》が「むすび」である、とものべている。

〔56〕**鴻業** 大きい事業。　〔57〕**大和** 最も大きな和。　〔58〕**尚武** 武道、軍事を重んじること。　〔59〕**活人** 人を活《い》かすこと。

和の諸相

和はさらに、日本の神話世界や、自然観にも拡張される。

46.《更に我が國に於ては、神と人との和が見られる。…西洋の神話に現れた、神による追放、神による處罰《しょばつ》、嚴酷《げんこく》なる制裁の如《ごと》きは、我が國の語事《(かたりごと)》とは大いに相違するのであつて、こゝに我が國の神と人との關係と、西洋諸國のそれとの間に大なる差異のあることを知る。…我が國に於ては、神は恐しきものではなく、常に冥助《めいじょ》(60)を垂れ給ひ、敬愛感謝せられる神で…、神と人との間は極めて親密である。》（53 f）

…一神教の神と、神道の神との対比が、のべられている。

47.《又この和は、人と自然との間の最も親しい關係にも見られる。…そこに自然を愛する國民性が生まれ、人と自然との和が成り立つ。》（54）

…インドは自然に威圧され、西洋は自然を征服している、との対比がのべられる。

＊

48.《この和の精神は、廣《ひろ》く國民生活の上にも實現せられる。我が國に於ては、特有の家族制度の下に親子・夫婦が相倚《あいよ》り相扶《あいたす》けて生活を共にしてゐる。…

更に進んで、この和は、如何《いか》なる集團《しゅうだん》生活の間にも實現せられねばならない。…各ゝが分を守ることによつて集團の和は得られる。…

このことは、又郷黨《きょうとう》に於ても國家に於ても同様である。…

要するに我が國に於ては、夫々の立場による意見の對立、利害の相違も、大本を同じうするところより出づる特有の大和《たいわ》によつてよく一となる。…ここに我が國の大精神がある。》（55ｆｆ）

…家族やどんな集団も、同じ和の精神によって運行していることがのべられる。

＊

さらに、この和の精神は、日本を超えて世界に拡大すべきであるという。

49.《かゝる我が國の和の精神が世界に擴充《かくじゅう》せられ、…民族・國家が各々《おのおの》その分を守り、その特性を發揮する時、眞の世界の平和とその進歩發展とが實現せられるであらう。》（59）

…世界の国々が、「その分を守る」ことによって実現する秩序は、決して平等な国際社会ではない。日本が主導権を握り、ほかの国々がその言うことを聞く、国際秩序となろう。大東亜戦争は、大東亜共栄圏をめざすものであった。「大東亜」共栄圏であるから、英米そのほかの列強勢力は、排除されている。大東亜「共栄圏」であるから、そこにある国々すべてに利益がある。そして、主導権は日本が握る。ここにある「和の精神が世界に拡充」されるプランが、具体化したものである。

まこと

関連して、『國體の本義』は、「まこと」の心に言及する。

〔60〕冥助　神仏の、目に見えない助け。

50．《「まこと」の心は、人の精神の最も純粋《じゆんすい》なものである。…言と事とはまことに於て一致してゐるのであつて、即ち言はれたことは必ず實現せられねばならぬ。この言となり、事となる根柢にまことがある。…實《じつ》にまことは萬物を融合一體ならしめ、自由無礙《むげ》ならしめる。…まことは又所謂明き淨《きよ》き直《なお》き心、即ち清明心であり、それは我が國民精神の根柢となつてゐる。》（59 f）

…まことは、言葉と出来事（行為）が一致することだという。そのため、直接行動による問題の解決に向かうことになる。

*

『國體の本義』は、まことと軍人勅諭とを結びつける。

51．《明治天皇は、陸海軍軍人に下し賜はりたる勅諭に、忠節・禮儀《れいぎ》・武勇・信義・質素の五徳を御示し遊ばされ、これを貫くに一の誠心《（まごゝろ）》を以てすべきことを諭し給うて…ゐる。

更にまことある行爲こそ眞《しん》の行爲である。…我が國の言靈《（ことだま）》の思想はこゝに根據《こんきよ》を有するのであつて、行たり得ざる言は、愼《つつし》んでこれを發《はつ》しない。これ、人の心のまことである。…まことには、我があつてはならない。一切の私を捨てて言ひ、又行ふところにこそ、まことがあり、まことが輝く。》（61 f）

…軍人の行為規範は、まことであるべきだと説く。

言葉が行為と結びつかないなら、まことを欠くのだという。となれば、行為と切り離された言葉だけが自立した世界は、存在できない。言葉を交わして自由に議論することもできなくなる。西欧近代では、言葉が真理と結びつくのは、科学であり哲学であって、真理であるか否かの規準がある。また、言葉が現実と結びつくべきだとするのは、法律であり契約である。またジャーナリズムである。それ以外の言葉の用法はそういう負荷を免れている。

言葉をまことと結びつける皇国主義は、言葉の用法を上記のように区分せず、人びとを、言葉の自由を奪われた窮屈な場所に押し込めてしまうと言えるだろう。

1・4 国史

『國體の本義』は、第二に、「國史に於ける國體の顯現」を論ずる。

国史とは

まず、国史（日本史）の意味を、つぎのように宣言する。

52.《國史は、肇國《ちょうこく》の大精神の一途の展開として今日に及んでゐる不退轉《ふたいてん》の歴史である。…他の國家にあつては、革命や滅亡によつて國家の命脈は斷《た》たれ、建國の精神は中斷《ちゅうだん》消滅し、別の國家の歴史が發生する。…我が國に於ては、肇國の大精神、連綿たる皇統を基とせずしては歴史は理解せられない。…我が國に於ては、國史は國體と始終し、國體の自己表現

である。》(63 f)

…日本の歴史は、途絶することない皇統とともにあり、国体と一体であるという。

歴史が、精神の発展である、という言い方は、ヘーゲル哲学の丸パクリである。

*

オオクニヌシの国譲りに関連しては、こう言う。

53.《我等は、こゝに徳川幕府末期の大政奉還…明治維新の王政復古の大精神の先蹤《せんしよう》(61)を見るのである。》(66)

…なんとも都合のよい解釈と言うべきである。

続いて、神武天皇の東征、大化の改新、和気清麻呂《わけのきよまろ》が道鏡の野望をくじいたこと、などの事蹟を紹介する。

鎌倉幕府については、マイナスの評価を紹介している。

54.《明治天皇は、陸海軍軍人に下し賜へる勅諭《ちよくゆ》に於て、幕府政治について「且は我國體に戻り且は我祖宗の御制《おんおきて》に背き奉り浅間《あさま》しき次第なりき」と仰せられ、更に「再《ふたゝび》中世以降の如き失體《しつたい》なからんことを望むなり」と御誡になつてゐる》(73)

…幕府政治は、国体に反する政治の変態だとのべている。

承久の乱から建武中興にかけての歴史については、こうのべる。

55.《源氏の滅後、執権北條氏《しつけんほうじょう》屢〻《しばしば》天皇の命に従《したが》はず、義時に至っては益〻《ますます》不遜となつた。依つて後鳥羽上皇・土御門《つちみかど》上皇・順徳上皇は、御親政の古《いにしえ》に復さんとして北條氏討滅を企て給うた。これ、肇國の宏謨《こうぼ》〔62〕を繼《つ》ぎ給ふ王政復古の大精神に出でさせられたのである。…三上皇の御精神は、遂に後宇多天皇より後醍醐天皇に至つて現れて建武中興の大業《たいぎょう》となつた。…これには…幾多の忠臣の輔佐《ほさ》があった。…北畠親房・日野《ひの》資朝《すけとも》・日野《ひの》俊基《としもと》等を始め、新田義貞・楠木正成等があつて回天《かいてん》の偉業が成就せられた。…

以上の如き建武中興の大業も、…足利尊氏によつて覆へされた。…》(73ff)

…北畠親房『神皇正統記』以来の忠臣/逆臣の分類による、歴史の説明である。

尊皇思想

江戸時代に尊皇思想が盛り上がりをみせるまでの経緯を、『國體の本義』はこのようにのべる。

56.《室町時代以後に於て、畏《かしこ》くも皇室の式微《しきび》〔63〕の間にも、天壌無窮の皇運は、微動だもすること…なかつた。これに加ふるに、神道思想次第に勃興し、又國民の皇室に對《たい》する崇敬は、數々《かずかず》の美しい忠誠の事蹟となつて現れた。

先に鎌倉時代に於て宋學《そうがく》・禪學《ぜんがく》が大義名分論・國體論の生起に與《あずか》つて力があり…徳川幕府は朱子學を採用し、この學統より大日本史の編纂を中心として水戸學が生じ、又それが

〔61〕**先蹤** 先人の事跡。 〔62〕**宏謨** 広大な計画。 〔63〕**式微** ひどく衰えること。

神道思想、愛國の赤心《せきしん》〔64〕と結んでは、山崎闇齋の所謂崎門學派《きもんがくは》を生じたのである。闇齋の門人淺見絅齋《あさみけいさい》の靖獻遺言《せいけんいげん》、山鹿素行の中朝事實《ちゅうちょうじじつ》等は、いづれも尊皇の大義を強調したものであって、太平記、賴山陽の日本外史、會澤正志斎《あいざわせいしさい》の新論、藤田東湖の弘道館記述義、その他國學者の論著等と共に、幕末の勤皇の志士に多大の影響を與《あた》へた書である。》(77f)

…幕末尊皇思想に至る系譜を、闇斎学派を軸にまとめている。

*

幕末維新では、孝明天皇、山内豊信《とよしげ》、徳川慶喜の名を特にあげて、経緯を記している。五箇条の御誓文の宣示にあたっては、

57.《天皇御親《おんみずか》ら、玉體《ぎょくたい》〔65〕を勞《ろう》し宸襟《しんきん》〔66〕を惱《なや》ませられて、艱難辛苦《かんなんしんく》の先に立ち給ひ、以て上《かみ》は列祖の神靈《しんれい》に應《こた》へ、外《そと》は萬國に國威を輝かさんとし給うた深い叡慮と強い御決心とが拜せられる。》(81)

と評している。

天皇と憲法

帝国憲法発布の勅語に、「大権」の語があるのを引用しているのは、注目される。

58.《朕國家ノ隆昌《りゅうしょう》ト臣民ノ慶福《けいふく》トヲ以テ中心ノ欣榮《きんえい》〔67〕トシ朕カ祖宗《そそう》ニ承《う》クルノ大權《たいけん》ニ依《よ》リ現在及將來《しょうらい》ノ臣民ニ對シ此《こ》ノ不磨《ふま》ノ大典ヲ宣布ス》(83)

…憲法を制定する権力は、天皇が祖宗から代々継承してきた大権による、とのべている。

1・5 国土と国民

国土と職業

ついで、国土についてのべる。

59.《我が國土は、語事《かたりごと》によれば伊弉諾《いざなぎ》ノ尊・伊弉冉《いざなみ》ノ尊二尊の生み給うたものであつて、我等と同胞の關係にある。》(85)

…国土も国民も、イザナギ・イザナミから生まれたものだから、同胞だという。

60.《…國民も國土も一になつて天皇に仕へまつるのである。》(87)

それはよいが、問題は、台湾を日本領とし、朝鮮をも併合して帝国に編入していることである。テキストを読んでいくと、昔は氏族が基本で、氏上《うじのかみ》が率い、これに部曲《かきべ》の民が付随し、集まって、天皇を中心に国家をなした、などと書いてある。台湾や朝鮮が国土であることは、あえて無視されて、言及されていない。

＊

そのあと、職業についてのべる。

もとは農業が基本であったが、のちに商業や工業が発展した。あらゆる産業が同様に尊重され

〔64〕**赤心** 偽りのない心。　〔65〕**玉體** 天皇のからだの敬称。　〔66〕**宸襟** 天子の心。　〔67〕**欣榮** 喜ばしいこと。

る、とする。その例示に掲げられているのは、昭憲皇太后《しょうけんこうたいごう》の歌である。古い時代に同趣旨の素材をみつけることができなかったのかもしれない。

風土

ついで、山鹿素行の中朝事実をひき、日本の風土は、気候が温和で、水土が優れ、日本人にとって快い場所であることをのべる。頼山陽、本居宣長、藤田東湖、をひく。

61.《か丶る國土と既に述べた如き君民和合の家族的國家生活とは、相俟《あいま》つて明淨正直の國民性を生んだ。》(93)

…すぐれた風土が、「明浄正直」の心をうむ、という。

62.《明《あかる》き清き心は、主我的・利己的な心を去つて、本源に生き、道に生きる心である。即《すなわ》ち君民一體の肇國《ちょうこく》以來の道に生きる心である。こ丶にすべての私心の穢《けがれ》は去つて、明き正しき心持が生ずる。》(94)

…明き清き心が、私心の穢れと対立する、ととらえられている。

63.《我が國の祓《はらい》[68]は、この穢れた心を祓《はら》ひ去つて、清き明き直き本源の心に歸《かえ》る行事である。》(95)

…神道の儀式は、穢れ（私心）を祓い、人びとの共同性を再生産する働きである、とのべている。

*

では、外部の文明に対して、以上の日本人の心はどう対応するのか。

64.《わが國民性には、この沒我《ぼつが》・無私の精神と共に、包容・同化の精神とその働とが力強く現れてゐる。…異質の文化を輸入しながら、よく我が國獨特《どくとく》のものを生むに至つたことは、全く我が國特殊の偉大なる力である。…

抑〻《そもそも》沒我の精神は、單《たん》なる自己の否定ではなく、小なる自己を否定することによつて、大なる眞の自己に生きることである。》（97）

…人びとは、国家と離れて個人であるのではなく、国家のなかでその分をえている。国家に帰一するのが本質であるから、没我の心が生じる、という。

没我帰一の精神は、主語が現れず、敬語が発達している、日本語にもよく現れている、とも指摘する。

1・6　祭祀と道徳

宮中祭祀

『國體の本義』は、日本が神国であると、つぎのように強調する。

65.《我が國は現御神《あきつみかみ》にましますす天皇の統治し給ふ神國である。天皇は、神をまつり給ふこと

〔68〕祓　神に祈って、罪や穢《けが》れを取り除くこと。

によつて天ツ神と御一體となり、彌ゝ現御神《あきつみかみ》としての御徳《おんとく》を明らかにし給ふのである。されば天皇は特に祭祀を重んぜられ、賢所《かしこどころ》・皇靈殿《こうれいでん》・神殿《しんでん》の宮中三殿の御祭祀は、天皇御《おん》親《みずか》らこれを執り行はせ給ふのである。明治二年、神祇官内に神殿を建てて、天神地祇《てんじんちぎ》〔69〕・御歴代皇靈《こうれい》を奉祭せられ、同三年、天皇は鎭祭《ちんさい》の詔《みことのり》を渙發《かんぱつ》〔70〕し給う…た。》（102f）

…日本は、現御神である天皇が統治するから、神国である、と書いてある。そこで、明治になってにわかに宮中三殿を建てた。それ以前に、宮中三殿にあたるものはなかった、ということである。

66.《かくの如く天皇の神に奉仕せられることと臣民の敬神とは、いづれもその源《みなもと》を同じうし、天皇は祭祀によつて彌ゝ《いよいよ》君徳《くんとく》を篤《あつ》くし給ひ、臣民は敬神によつて彌ゝその分《ぶん》を竭《つ》くすの覺《かく》悟《ご》を堅くする。》（103f）

…国民の敬神と、天皇の祭祀とは、同じことであると書かれている。

神社祭祀

日本各地に、皇祖皇宗のほか、氏神の祖の命以下、さまざまな神々を祀る無数の神社がある。

それについては、こうある。

67.《而してすべての神社奉齋《ほうさい》は、究極に於て、天皇が皇祖皇宗に奉仕し給ふところに歸一《きいつ》するのであつて、こゝに我が國の敬神の根本が存する。》（105）

…なぜ、こう言えるのか。明確な理由の説明は、省略されている。神社は国民の郷土生活の中心になるとか、祝祭日には日の丸の国旗を掲げて国民的敬虔の心を一にするとか、のべてあるだけである。

68.《かくて皇大神宮は我が國神社の中心であらせられ、すべての神社は國家的の存在として、國民の精神生活の中軸となつてゐる。》（106）

＊

そこでどうなるか。

69.《我が國民道徳は、敬神崇祖を基《もとい》として、忠孝の大義を展開してゐる。國を家として忠は孝となり、家を國として孝は忠となる。こゝに忠孝は一本となつて萬善《まんぜん》〔71〕の本となる。》（107）

…神道はすべて、忠孝一本のロジックに統合されるのだという。

＊

武士道については、こうのべてある。

70.《この武士道が、明治維新と共に封建の舊態《きゅうたい》を脱して、彌々《いよいよ》その光を増し、忠君愛國の道となり、又皇軍の精神として展開して來《き》たのである。》（111）

…皇軍は、国軍を天皇と結びつけていうようになった新しい言葉。武士道は、新渡戸稲造らによって明治時代に再発見されたが、それを皇国主義に統合している。

〔69〕**天神地祇**　天の神と地の神。あらゆる神々。〔70〕**渙發**　詔勅を広く発布すること。〔71〕**萬善**　あらゆる善事。

仏教についても、同化されて国民生活に浸透し、国民精神を鼓舞しているとする。各宗派の宗祖に好意的に触れてあるのは、仏教界を取り込むためだろう。神仏習合、神仏分離については触れられていない。

＊

1・7　学問と科学

学問について、『國體の本義』は紙幅を割いてのべている。

71 《元來我が國の學問は、歴代の天皇の御奬勵《しようれい》によつて發達《はつたつ》し、今日あるを得たのである。

…

古來《こらい》我が國の學問には、自ら肇國《ちようこく》以來一貫せる精神が流れてゐる。聖徳太子は、皇道の羽翼《うよく》[72]として儒・佛《ぶつ》・老《ろう》の敎を攝取《せつしゆ》せられて、憲法十七條を肇作《ちようさく》[73]し、又三經《さんぎやう》の義疏《ぎしよ》[74]を著し給うた。…而してこの道によつて、當時の多岐多方面に亙《わた》る學問・文化は綜合統一せられ、爾來《じらい》常に復古と創造、傳統《でんとう》と發展とが相卽不離《そうそくふり》に展開し、進歩を遂げて來た。》（117）

…天皇が、学問の推進者であること、学問と国体とが相互形成したことを、のべている。

＊

歴史については、聖徳太子が天皇記、国記をつくったこと、天武天皇の命により元明天皇が古事記を選録したこと、元正天皇が日本書紀を編纂させたこと、六国史《りっこくし》、後世には大日本史が編まれたことをのべる。

72.《江戸時代に勃興した國學《こくがく》は、古典の研究に發した復古の學であり、國史と共によく國體を明らかにし、國民精神の宣揚に大いに貢獻《こうけん》するところがあつた。

我が國のあらゆる學問は、その究極を國體に見出すと共に、皇運の扶翼を以《もっ》てその任務とする。江戸時代に西洋の醫學《いがく》・砲術その他が傳來《でんらい》した時、非常な困難を排してその研究に當《あた》つたのも、又、明治維新後、西洋の學術百般の採用に專念し、努力したのも、皆これ皇運を扶翼し奉る臣民の道に立つてのことであつた。併《しか》しながら非常の勢を以て外來文化を輸入し…つ、ある今日の學問に於ては、…この中心を見失ふ惧《おそ》れなしとしない。》

（118f）

…学問の中心は、国体にあるとする。西洋文明が流入すると、この中心が見失われるおそれがある、という。

科学と国体

教育によって、教育勅語にあるように、国体を体現する国民を育成する必要がある、とする。

73.《教育は知識と實行《じっこう》を一にするものでなければならぬ。知識のみの偏重に陥《おちい》り、國民としての實踐《じっせん》に缺《か》くる教育は、我が國教育の本旨に悖《もと》る。卽ち知行合一してよく肇國《ちょうこく》の道を行

〔72〕**羽翼** 補佐。 〔73〕**肇作** 初めて作ること。 〔74〕**義疏** 注釈書。

ずるところに、我が國教育の本旨の存することを知るべきである。…理論的知識の根柢には、常に國體に連なる深い信念とこれによる實踐《じっせん》とがなければならぬ。…我が國教育に於ても、理論的・科學的知識は彌々《いよいよ》尊重奬勵《しょうれい》せられねばならぬが、同時にそれを國民的信念及び實踐と離れしめずして、以て我が國文化の眞の發達に資するところがなければならぬ。卽ち一面諸科學の分化發展を圖《はか》ると共に、他面その綜合に留意し、實行《じっこう》に高め、以《もっ》てかゝる知識をして各々その處《ところ》を得しめ、その本領を發揮《はっき》せしむべきである。》（122）

…科学は、単独で自己目的的に発展してはならない。国民の実践と結びつき、国体と調和しなければならない。そしてそれを判断するのは、政府（文部省）であろう。

＊

日本の《詩歌・管弦・書畫《しょが》・聞香《ぶんこう》・茶の湯・生華・建築・彫刻・工藝・演劇等》の伝統についても、のべている。

74・《我が藝道《げいどう》に見出される一の根本的な特色は、沒我《ぼつが》歸《き》一《いつ》の精神に基づく様式《ようしき》を採ることであり、更に深く自然と合致しようとする態度のあることである。…更に我が國藝術について注意すべきは、精神と現實との綜合調和及び夫々《それぞれ》の部門の藝術が互《たがい》に結びついてゐることである。…

　これを要するに、我が國の文化は、その本質に於て肇國以來の大精神を具現せるものであつて、學問・教育・藝道等、すべてその基づくところを一にしてゐる。將來《しょうらい》の我が國文

化も當にかゝる道の上に立つて益〻創造せらるべきである。》（124ff）

…芸術も、学問や教育と同じことで、国体と調和しているという。

1・8 政治・経済・軍事

政治体制

祭政一致が、わが国の原則であると、まず『國體の本義』はのべる。

75.《我が國は萬世一系の天皇御統治の下、祭祀・政治はその根本を一にする。…明治天皇は、皇祖皇宗の御遺訓、御歴代統治の洪範《こうはん》〔75〕を紹述〔76〕し給ひ、明治二十二年二月十一日を以て皇室典範を御制定になり、大日本帝國憲法を發布《はっぷ》遊ばされた。》（127）

…帝国憲法が、これまでの伝統と合致することをのべている。

＊

外国の成文憲法について、説明が続く。いわゆる「民約憲法」は、人民が自由に契約したものでなく、権力闘争の勝利者が決定したものである。いわゆる「君民協約憲法」は、新興勢力に強要されて結んだものである。「欽定憲法」と呼ばれるものも、程度の差はあってもこの部類である、とする。

76.《然《しか》るに帝國憲法は、萬世一系の天皇が「祖宗《そそう》ニ承クルノ大權《たいけん》」を以て大御心のまゝに制

〔75〕**洪範** 模範となるような大法。 〔76〕**紹述** 受け継いで、述べ行うこと。

定遊ばされた欽定憲法であつて、皇室典範と共に全く「みことのり」に外《ほか》ならぬ。
　而してこの欽定《きんてい》せられた憲法の內容は、外國に於けるが如き制定當時《とうじ》の權力關係《けんりょくかんけい》を永久に固定せんがために規範化したものでもなく、或《あるい》は民主主義・法治主義・立憲主義・共産主義・獨裁《どくさい》主義等の抽象的理論又は實踐《じっせん》的要求を制度化したものでもない。又外國の制度を移植し模倣したものでもなく、皇祖皇宗の御遺訓を顯彰《けんしょう》せられた統治の洪範に外ならぬ。これは、典憲欽定に際して皇祖皇宗の神靈《しんれい》に誥《つ》げ給ふた御告文《おつげぶみ》に…よつても昭《あきら》かである。》
（128f）

…帝国憲法はほんとうの欽定憲法で、天皇のまったき自由意思にもとづいて制定されたとする。共産主義、独裁主義でないとのべるのはよいとして、そのついでに、立憲主義でもないとのべている。天皇機関説に対する敵意をむき出しにしている。

神勅と憲法

『國體の本義』は、帝国憲法と外国の憲法とが根本的に異なると強調する。

77.《我が憲法に祖述《そじゅつ》せられてある皇祖皇宗の御遺訓中、最も基礎的なものは、天壤無窮《てんじょうむきゅう》の神勅である。この神勅は、萬世一系の天皇の大御心であり、八百萬《やおよろず》ノ神の念願であると共に、一切の國民の願《ねがい》である。從《したが》つて知ると知らざるとに拘《かかわ》らず、現實《げんじつ》に存在し規律する命法である。それは獨《ひと》り將來《しょうらい》に向つての規範たるのみならず、肇國《ちょうこく》以來の一大事實《じじつ》である。憲法

第一條に「大日本帝國ハ萬世一系ノ天皇之《これ》ヲ統治ス」とあるのは、これを昭示《しょうし》〔77〕し給うたものであり、第二條は皇位繼承の資格竝《なら》びに順位を昭かにし給ひ、第四條前半は元首・統治權等、明治維新以來採擇《さいたく》せられた新しき概念を以て、第一條を更に紹述し給うたものである。天皇は統治權の主體《しゅたい》であらせられるのであつて、かの統治權の主體は國家であり、天皇はその機關《きかん》に過ぎないといふ說の如《ごと》きは、西洋國家學說の無批判的の踏襲といふ以外には何等《なんら》の根據《こんきょ》はない。天皇は、外國の所謂《いわゆる》元首・君主・主權者・統治權者たるに止まらせられる御方ではなく、現御神《あきつみかみ》として肇國以來の大義に隨《したが》つて、この國をしろしめし給ふのであつて、第三條に「天皇ハ神聖ニシテ侵スヘカラス」とあるのは、これを昭示《しょうし》せられたものである。外國に於て見られるこれと類似の規定は、勿論《もちろん》かゝる深い意義に基づくものではなくして、元首の地位を法規によつて確保せんとするものに過ぎない。》（132f）

…天壌無窮の神勅は、現に有効な命令である、というあんまりな主張がまず目をひく。さらに、天皇機関説や通常の立憲主義の理解を、帝国憲法と切り離したいという強引な態度に終始している。

政体

天皇機関説でなければ、なにかと言えば、天皇親政説である。

78.《尙、帝國憲法の外の規定は、すべてかくの如《ごと》き御《ご》本質《ほんしつ》を有せられる天皇御統治の準則で

〔77〕昭示　あきらかに示すこと。

ある。就中《なかんずく》、その政體法《せいたいほう》の根本原則は、中世以降の如き御委任の政治ではなく、或《あるい》は又英國流の「君臨すれども統治せず」でもなく、又は君民共治でもなく、三權分立主義でも法治主義でもなくして、一に天皇の御親政《ごしんせい》である。これは、肇國以來…一貫せる御統治の洪範《こうはん》でありながら、中世以降絶えて久しく政體法《せいたいほう》上制度化せられなかったが、明治維新に於て復古せられ、憲法にこれを明示し給うたのである。》（133f）

…明治維新によって、天皇親政に復帰した、とする。

79.《帝國憲法の政體法《せいたいほう》の一切は、この御親政の原則の擴充《かくじゅう》紹述に外《ほか》ならぬ。例へば臣民權利義務の規定の如きも、…天皇の恵撫《けいぶ》[78]慈養《じよう》[79]の御精神と、國民に隔てなき翼賛の機會《きかい》を均《ひと》しうせしめ給はんとの大御心より出づるのである。》（134）

三権分立についても、こう言う。

80.《我が國に於ては、分立は統治權の分立ではなくして、親政輔翼機關《しんせいほよくきかん》の分立に過ぎず、これによつて天皇の御親政の翼賛を彌〻確實《いよいよかくじつ》ならしめんとするものである。議會《ぎかい》の如きも、…天皇の御親政を、國民をして特殊の事項につき特殊の方法を以て、翼賛せしめ給はんために設けられたものに外ならぬ。》（134f）

…議会そのほかの政府機関が、憲法の規定にもとづき作動しているようにみえても、その本質は天皇親政で、立憲政体はその外皮に過ぎない、と言っている。

法についても、こう言う。

81、《我が國の法は、すべてこの典憲《てんけん》を基礎として成立する。…併しいづれも天皇の御稜威《みいつ》に淵源せざるものはないのである。…結局に於ては、御祖訓《ごそくん》紹述のみことのりたる典憲の具《ぐ》體化《たいか》ならぬはない。…それ故に我が國の法は、すべて我が國體の表現である。》（135）

…法の支配は法の支配にみえて、実は天皇親政である。なんでもかんでも、国体なのである。

経済

経済はどうか。

国の始まりのとき、アマテラスはみずから生業を人びとに授けて経済の重要さを示した。分業が進み産業が発達すると、どの分野の活動も、国を発展させるのに重要となった。

82．《我が國民經濟《けいざい》は、皇國無窮《こうこくむきゅう》の發展のための大御心に基づく大業《たいぎょう》であり、民の慶福《けいふく》の倚《よ》るところのものであつて、西洋經濟學の說くが如き個人の物質的欲望を充足するための活動の聯關總和《れんかんそうわ》ではない。それは、國民を擧《あ》げて「むすび」の道に參じ、各人その分に從《したが》ひ、各〻そのつとめを盡《つ》くすところのものである。…これが我が國產業の根本精神である。》

（137f）

…自分の物質的欲望を後回しにして、各々が職分を守り、つとめを果たす精神と和合が大事である、としている。

83．《「むすび」の精神を本とし、公《おおやけ》を先にし私《わたくし》を後にし、分《ぶん》を守りつとめを盡《つ》くし、和を以《もつ》て

〔78〕**惠撫**　めぐみ、いたわること。　〔79〕**慈養**　慈愛をもって養育すること。

旨《むね》とする心こそ、我が國固有の産業精神であつて、それは産業界に強き力を生ぜしめ、創意を奬《すす》め、協力を齎《もたら》し、著しくその能率を高め、産業全體の隆昌を來し、やがて國富《こくふ》を増進する所以となる。》（139）

…経済は道徳と一致し、利欲でなく道にもとづく産業になるという。わが国は資本主義経済のはずだが、日本にだけは異なる経済法則が働くとでも言わんばかりである。

軍事

軍事においても、同様の議論が成立するという。

84. 《而して荒魂《あらみたま》〔80〕は、和魂《にぎみたま》〔81〕と離れずして一體《いつたい》の働《はたらき》をなすものである。この働によつて天皇の御《み》稜威《いつ》をまつろはぬものを「ことむけやはす」ところに皇軍の使命があり、所謂神武とも稱《しよう》すべき尊き武の道がある。》（140）

85. 《まことに皇軍の使命は、御稜威《みいつ》をかしこみ、大御心のまに〳〵よく皇國を保全し、國威を發揚《はつよう》するにある。我が皇軍は、この精神によつて日清・日露の戰を經《へ》て、世界大戰に參《さん》加《か》し、大いに國威を中外に輝かし、世界列强の中に立つてよく東洋の平和を維持し、又廣《ひろ》く人類の福祉《ふくし》を維持増進するの責任ある地位に立つに至つた。》（141）

…軍隊も、天皇の意思に従って行動する。ゆえに「皇」軍である。武は武のための武でない。天皇の意思を理解しない、相手に責任がある、と言いたいかのようだ。

1・9 結語

『國體の本義』の結語では、全体を要約しつつ、國民の義務と課題を示している。確認していこう。

新文化の創造

86.《我等皇國臣民は、現下の諸問題に對《たい》して如何《いか》なる覺悟《かくご》と態度とをもつべきであらうか。惟《おも》ふに、先《ま》づ努むべきは、國體の本義に基づいて諸問題の起因をなす外來文化を醇化《じゅんか》し、新日本文化を創造するの事業である。

…特殊な國體をもつ我が國に於ては、それが我が國情《こくじょう》に適するか否かが先《ま》づ嚴正《げんせい》に批判檢討《けんとう》せられねばならぬ。卽ちこの自覺《じかく》とそれに伴ふ醇化とによつて、始めて我が國として特色ある新文化の創造が期し得られる。》（143）

…国体は特殊で、その国体に合わせて、外来文化を選別しなさい、と言っている。この選別を「醇化」といっている。

西洋思想

西欧文明について、ではどういう態度をとるのか。

〔80〕**荒魂** 激しく活動する神霊。 〔81〕**和魂** 温和な神霊。

87．《…歐米諸國《おうべいしょこく》の近世思想は、一面にはギリシヤ思想を復活し、…他面には、中世期の超國家的な普遍性と眞理《しんり》性とを尊重する思想を繼承《けいしょう》し…た。これがため自然科學を發達せしめると共に、教育・學問・政治・經濟等の各方面に於て、個人主義・自由主義・合理主義を主流として、そこに世界史的に特色ある近代文化の著しい發展を齎《もたら》した。》（144f）

…ギリシャ思想がベースになって、個人の解放と自由の獲得を主張した、とまとめている。

続けて『國體の本義』は、人間は現実的で歴史的な存在であり、国民精神により歴史のなかにその存在が規定されているとする。個人は、具体的な国民としてしか存在しないのだ。

88．《然るに、個人主義的な人間解釋《かいしゃく》は、個人たる一面のみを抽象して、その國民性と歴史性とを無視する。從《したが》つて全體性《ぜんたいせい》・具體性《ぐたいせい》を失ひ、人間存立の眞實《しんじつ》を逸脱し、その理論は現實より遊離して、種々の誤つた傾向に趨《はし》る。こゝに個人主義・自由主義乃至《ないし》その發展たる種々の思想の根本的なる過誤がある。》（145）

…西洋諸国はこの誤謬を自覚し超克しようとするが、個人主義にもとづくため、限界がある、とする。

中国の思想

「支那思想」については、どうだろうか。

89．《儒教は實践的《じっせんてき》な道として優れた內容をもち、…孝を以て教の根本としてゐるが、…我が國の如《ごと》く忠孝一本の國家的道徳として完成せられてゐない。…要するに儒教も老荘思想も、歴史的に發展する具體的國家の基礎をもたざる點《てん》に於て、個人主義的傾向に陥るものといへる。…儒教は我が國體に醇化せられて日本儒教の建設となり、我が國民道徳の發達に寄《き》與《よ》することが大であつた。》（146f）

…支那思想は、国体を中核とする日本思想に比べると、個人主義的でよくないと言っている。ついでに、仏教についてもこうのべる。

90.《印度に於ける佛教《ぶつきよう》は、行的《ぎようてき》・直觀的《ちよつかんてき》な方面もあるが、觀想的《かんそう》・非現實的な民族性から創造せられたものであつて、冥想的《めいそう》・非歴史的・超國家的なものである。然《しか》るに我が國に攝《せつ》取《しゆ》せられるに及んでは、國民精神に醇化せられ、現實的・具體的な性格を得て、國本培養《こくほん》に貢獻《こうけん》するところが多かつたのである。》（147）

…仏教それ自身はだめだが、日本風になることで、ましになったとする。

西洋思想との対峙

外来文化は、多様である。日本はそれをどう醇化すればよいのか。

91.《西洋の學問や思想の長所が分析的・知的であるに對《たい》して、東洋の學問・思想は、直觀的・行的《ぎようてき》なることを特色とする。…我が國は、從來《じゆうらい》支那思想・印度思想等を輸入し、よくこれを攝取醇化《せつしゆじゆんか》して皇道の羽翼《うよく》とし、國體に基づく獨自《どくじ》の文化を建設し得たのである。》

（147f）

92, 《西洋文化の攝取醇化に當っては、先《ま》づ西洋の文物・思想の本質を究明することを必要とする。…西洋近代文化の顯著《けんちょ》なる特色は、實證性《じっしょうせい》を基とする自然科學及びその結果たる物質文化の華《はなや》かな發達にある。更に精神科學の方面に於ても、その精密性と論理的組織性とが見られ、特色ある文化を形成してゐる。…これらの學的體系《がくてきたいけい》・方法及び技術は、西洋に於ける民族・歴史・風土の特性より來《きた》る西洋獨自《どくじ》の人生觀《じんせいかん》・世界觀によって裏附《うらづ》けられてゐる。…よくその長所を採用し短所を捨てなければならぬ。》（148f）

…西欧の学問思想にも、それ独自の特殊な文脈があるという指摘は、正しい。

93. 《明治以來の我が國の傾向を見るに、…著しく西洋思想の影響を受けた知識階級と、一般のものとは相當《そうとう》な思想的懸隔を來してゐる。…嘗《かつ》て流行した共産主義運動、或《あるい》は最近に於ける天皇機關説の問題の如《ごと》きが、往々にして一部の學者・知識階級の問題であった如きは、よくこの間の消息を物語ってゐる。》（149f）

…共産主義と、天皇機関説が、並列されて非難の対象となっている。

*

94. 《惟ふに西洋の思想・學問について、…極端ならざるもの、例へば民主主義・自由主義等については、果してそれが我が國體と合致するや否やについては多くの注意を拂《はら》はない。…その根柢には個人主義的人生觀があることを知るのである。…個人の主觀的思考を重んじ、個人の脳裡《のうり》に描くところの観念《かんねん》によつてのみ國家を考へ、諸般の制度を企畫《きかく》し、理論を構成せんとする。かくして作られた西洋の國家學説・政治思想は、多くは、國家を以《もつ》て、個人を生み、個人を超えた主體的な存在とせず、個人の利益保護、幸福増進の手段と考へ、自由・平等・獨立《どくりつ》の個人を中心とする生活原理の表現となつた。…具體的な各國家及びその特性よりも、寧《むし》ろ世界一體の國際社會、世界全體に通ずる普遍的理論の如きものが重んぜられ、遂には國際法が國法よりも高次の規範であり、高き價値《かち》をもち、國法は寧ろこれに從屬《じゆうぞく》するものとするが如き誤つた考すら發生するに至るのである。》（150ff）

…日露戦争までの日本は、国際法を重視していた。昭和の皇国主義は、国際法を軽視している点が、注目される。

95.《個人の自由なる榮利《えいり》活動の結果に對《たい》して、國家の繁榮《はんえい》を期待するところに、西洋に於ける近代自由主義經濟の濫觴《らんしよう》〔82〕がある。…その後、個人主義・自由主義思想の普及と共に、漸《ようや》く經濟運營《けいざいうんえい》に於て利己主義が公然正當化《せいとうか》せらるるが如き傾向を馴致《じゆんち》〔83〕するに至つた。…利己主義や階級闘争が我が國體に反することは説くまでもない。》（152）

…経済活動は、個人主義・自由主義と親和的であることが、語られている。

＊

96.《教育についても亦《また》同様である。…個人主義思想の浸潤《しんじゆん》によつて、學問も教育も動《やや》もすれば普遍的眞理《しんり》といふが如《ごと》き、抽象的なもののみを目標として、理智のみの世界、歴史と具

〔82〕**濫觴**　物事の始まり。　〔83〕**馴致**　しだいにそうさせる。

體的生活とを離れた世界に趨《はし》らんとし、智育も徳育も知らず識らず抽象化せられた人間の自由、個人の完成を目的とする傾向を生ずるに至つた。》(153)

…ここでも、個人主義、自由主義が批判の槍玉にあがっている。

日本と世界

歴史の発展段階や世界情勢を踏まえて、日本は国際社会のなかでどう行動すべきだろうか。

『國體の本義』はこうのべる。

97.《かくの如く、教育・學問・政治・經濟等の諸分野に亙《わた》つて浸潤してゐる西洋近代思想の歸《き》するところは、結局個人主義である。…西洋の現實《げんじつ》が示す如く、個人主義は、畢竟《ひつきよう》個人と個人、乃至《ないし》は階級間の對立《たいりつ》を惹起せしめ、國家生活・社會生活の中に幾多の問題と動搖《どうよう》とを釀成せしめる。今や西洋に於ても、個人主義を是正するため幾多の運動が現れてゐる。…社會主義・共産主義もこれであり、又國家主義・民族主義たる最近の所謂ファッショ・ナチス等の思想・運動もこれである。》(154)

…西洋も個人主義を克服しようとしていることを、強調する。

98.《今や我が國民の使命は、國體を基として西洋文化を攝取醇化《せつしゆじゆんか》し、以《もつ》て新しき日本文化を創造し、進んで世界文化の進展に貢獻《こうけん》するにある。我が國は夙《つと》に支那・印度の文化を輸入し、而もよく獨自《どくじ》な創造と發展とをなし遂げた。これ正に我が國體の深遠宏大の致すところであつて、これを承け繼《つ》ぐ國民の歴史的使命はまことに重大である。現下國體明徴の聲《こえ》は極めて高いのであるが、それは必ず西洋の思想・文化の醇化を契機としてなさるべきであつて、これなくしては國體の明徴は現實と遊離する抽象的のものとなり易《やす》い。卽ち西洋思想の攝取醇化と國體の明徴とは相離るべからざる關係にある。》（155）

…國體明徴は、西洋文化を切り離すことではなくて、西洋文化とのあいだに適切なフィルター（醇化）を設けることだ、と言っている。

99.《…我等が世界に貢獻《こうけん》することは、たゞ日本人たるの道を彌々《いよいよ》發揮することによつてのみなされる。國民は、國家の大本としての不易《ふえき》な國體と、古今に一貫し中外に施して悖《もと》らざる皇國の道とによつて、維《こ》れ新たなる日本を益々《ますます》生成發展せしめ、以て彌々天壤無窮の皇運を扶翼し奉らねばならぬ。これ、我等國民の使命である。》（156）

…日本は日本の独自性（特殊性）を保つことによって、世界に貢献すべきである、とのべている。

1・10 国体のゆくえ

国体と教育

以上が、『國體の本義』のダイジェストである。

この教材が、教室でどのように教えられたか、実際のところは知らない。誰かが調べているかもしれない。

想像であるが、『國體の本義』を扱うのは、そう簡単ではなかったろう。まず、議論のレヴェルが高い。言っていることがむずかしい。それに、前提になる基礎知識が多方面にわたっている。ひとりの教員の手に余る内容である。

そこで、三浦藤作によるものをはじめ、教員向けの参考書が重宝された。

＊

授業はこんな感じで進むはずだ。

全体を単元に分け、今日のテーマは◯◯です、と生徒に示す。

『國體の本義』から、重要な箇所を、板書する。生徒はそれを写す。

重要語句やむずかしい語句について、語釈を行なう。参考書が役に立つ。

ついで、その意義を解説する。ここでも参考書が役に立つ。

板書と語釈と解説を、十回も繰り返せば、一回の授業は終了する。

試験は、以上を暗記させて、記憶したかを問い、採点すればよい。

＊

教員にとっても、この授業は神経を使う。もし言い間違えたり、自分流の解釈をして問題になったりすれば、不敬であるとか、国体明徴をなんと心得るかとか、非難・叱責されるだろう。それなら、参考書に従っておくのが安全だ。

国体と世論

暗記科目である『國體の本義』が、人びとの思考や行動に影響を与えたか。影響を与えたと思う。

歴史や国語や道徳や、社会経済や、思想宗教や、すべてを総合する知識である。内容が一貫している。それを唯一のものとして、記憶に刻む。そうすれば、それが教室を離れたさまざまな場面で、人びとに影響を与えるのは当然である。

*

毛沢東思想が、これに似ているかもしれない。

毛沢東思想も、教室で繰り返し教えられた。歴史や国語や道徳や、社会経済や、思想宗教や、すべてを総合するものだった。人民公社も国有企業も…、中国社会のすべてを方向づけた。毛沢東思想は、新聞やメディアや集会など、あらゆる機会に宣伝された。宣伝を通じてあらゆる世代、あらゆる職域の人びとに広まった。それを払いのけようにも、それ以外の考え方に触れることができない。ひと通りしか考え方がなければ、その通りに考えるしかないのである。

『國體の本義』を聖典とする皇国主義も、これと同様に、メディアを通じて、学校教育とは異なるさまざまなルートを通じて、国民のあいだに広まっていった。それ以外の考え方は脇に押し退けられた。

＊

日本はやがて、政党を解散し、大政翼賛会に合流した。
仏教やキリスト教など宗教団体も、合流した。
産業報国会などさまざまな業界団体も、合流した。
徴兵や徴用が強化された。やがて学徒も動員された。
こうした体制を、根底で支えたのが、『國體の本義』だと言ってよい。
なぜ支えたのか。そこには、「そうするのが正しい」と書いてあったからだ。

＊

「これが正しい」という文書がただひとつあり、誰もそれに反論しない（できない）場合は、それは正しいことになる。

『國體の本義』は、そういう書物であった。その通りに考え、行動することが、正当だと人びとは考えた。

＊

この書物は、なぜ現れたのか。この書物の主張の、核心はどこか。
第Ⅱ部では、それを掘り下げて、考えていくことにしよう。

第Ⅱ部

天皇親政とアメリカ大権

2・1　なぜ天皇親政説なのか

『國體の本義』の本質をひとことで言えば、天皇親政説である。
ではなぜ、天皇親政説でなければならなかったのか。
その必然性を、世界的な文脈で考えてみよう。

思想のバトル

『國體の本義』は、対抗しようとしている。戦おうとしている。
何と戦おうとしているのか。
社会主義、共産主義である。そのことは、『國體の本義』のなかに書いてある。
また、天皇機関説である。そのことも、『國體の本義』のなかに書いてある。
だが、これは、話半分に聞いたほうがよいのではないだろうか。

＊

共産主義も、天皇機関説も、日本国内でもう退治されていた。それも、『國體の本義』のなかに書いてある。

日本共産党は、何回も集団検挙を受けて、組織が壊滅した。治安維持法と特別高等警察が機能した。天皇機関説は、議会やマスメディアで袋叩きにあい、アカデミズムから追放された。天皇機関説にもとづいた講義を行なうことも、言論をのべることも、できなくなった。

勝負はとっくについていた。

勝負はとっくについていたのに、なぜ「国体明徴」を叫び、『國體の本義』を文部省が刊行する必要があったのか。脅威はそれとは、別のところにある。別の脅威に立ち向かうために、戦列を立て直す必要があった。

個人主義

『國體の本義』が念頭においている「敵」は、「西洋文明」の根底に流れている「個人主義」である。

このことも、『國體の本義』のなかに書いてある。その書き方は、控え目だ。だが、本当の狙いは、「個人主義」である。あるいは「個人主義」に象徴される、西欧キリスト教文明の価値体系そのものである。

なぜ「個人主義」が、皇国主義の主敵に据えられるのか。

＊

考え方のすじ道。

その一。西欧文明はすぐれている。特に、自然科学、技術、産業、軍事、そのほか多くの分野で、断然すぐれている。

その二。西欧文明がすぐれているなら、取り入れなければならない。日本も同様に、すぐれている必要があるからだ。それには、西欧の文献を読み、西欧の物資を輸入し、西欧のやり方を習得しなければならない。

その三。西欧文明を取り入れる途中で、相手に影響される。影響されるので、自分を見失いかねない。自分を見失ってしまえば、元も子もない。

その四。そこで、西欧文明と日本のあいだに線をひく。西欧文明から取り入れなくてもいい部分を、特定する。それが、個人主義である。その反作用として、日本が見失ってはならない部分が、特定できる。それが、日本の国体である。個人主義／日本の国体、は絶対的に対立するふたつのシステムなのである。

以上のことを、はっきりさせるために書かれたのが、『國體の本義』なのだ。

後退戦

というわけで、『國體の本義』は、いささか矛盾した世界の見取りを与える。

いっぽうで、すぐれた西欧文明がある。西欧文明がすぐれていることは、当然の前提となっている。科学技術が発展している、産業経済が巨大である、軍事力が強力である、などこのことには客観的な証拠がある。

もう一方で、それに劣らず素晴らしい日本がある。日本は、世界で唯一の素晴らしい特質をもつのだが、西欧文明にくらべて遅れている部分がある。よって、西欧文明を取り入れなければならない。

取り入れた結果、どうなるかと言うと、西欧文明のようにすぐれている、しかし西欧文明にはない独自性をもつ、日本の「新しい文化」が創造される。『國體の本義』の結語に書かれているのは、このことだ。

*

しかしこれは、戦い方として、へっぴり腰である。最初から、後退戦である。

どうして後退戦なのか。『國體の本義』は西欧文明が、普遍主義だと認めている。普遍主義とは、さまざまな文化や伝統をそなえた民族集団を包摂できる、という意味である。西欧文明は、本来、日本を包摂する能力と可能性がある、と認めたことになる。

西欧文明は、日本を圧倒している。力が強いだけではない。日本を包摂するだけの潜在力があるのだ。日本は、呑《の》み込まれてしまうということだ。

そこで日本は、何とか対抗しようとする。日本には、独自の文化と伝統があります。天皇がいます。国体があります。これは日本に独自のものです。国民も納得しています。だから日本は、特殊なままでいさせてください。世界にもプラスになるはずです、である。

*

この通りになれば、どうなるのか。世界は、二元的になる。普遍主義の西欧文明と、西欧文明からいいとこ取りをした日本と。日本が、西欧文明と並んで、誇りをもって併存する。虫のよい話である。

正面戦争

その昔、石原莞爾《いしはらかんじ》という参謀が「日米最終戦争」を唱えた。世界の覇権をめぐって、アメリカと日本がいずれ最終決戦を戦う、というのである。

『國體の本義』は、日本と西欧文明が、正面から戦争するとはのべていない。日本は、世界の一隅に、ふさわしい誇りある場所をえさせてくれ、と言っているだけである。

もしかしたら、石原参謀と同じ考えを実は持っていて、それにほおかむりし、決戦のときまでの時間稼ぎをしているつもりなのかもしれない。そうだとしても、『國體の本義』のテキストに、特に好戦的なところはない。石原参謀の最終戦争論のテキストとは、いちおう別の思想だとみておこう。

＊

へっぴり腰ではない、正面からのぶつかりあいとは、どういうものか。

イスラム文明の、西欧文明に対する構えを考えると、わかりやすいかもしれない。

イスラム教は、普遍主義である。アッラーは人類を創造した。人類すべてがアッラーを信じるイスラム教徒であるべきだとする。この点、人類すべてがイエス・キリストを救い主と信じるキリスト教徒であるべきだとする、西欧文明と同様である。

イスラム文明も、西欧文明も、どちらも普遍主義である。がっぷり四つだ。あなたは普遍主義ですが、こちらは特殊で独自です、隅にいさせてください、ではないのである。

これは、力関係のことではない。西欧文明は強力で、イスラム文明は当面劣勢である。大部分の地域は、植民地にされてしまった。独立したあとでも、発展が立ち遅れている。にもかかわらず、イスラム文明は、イスラム教こそ普遍的であるという立場を変えていない。イスラム文明からみると、キリスト教のほうがローカルにみえるのだ。

＊

西欧文明に挑戦した普遍主義の例としては、マルクス主義もある。

マルクス主義は、キリスト教から派生した思想（イデオロギー）であるが、政治・経済・社会の全体を革命的に改造しようという、包括的なプランをもっている。そこで、自由主義と正面からの対決になった。二〇世紀の冷戦が、それである。

冷戦は、マルクス主義陣営の崩壊によって、勝負がついた。しかしそれが、どちらの側も普遍主義を主張する、がっぷり四つの争いだったことは、疑いがない。自分が特殊であると認める「へっぴり腰」は、どちらの側にもない。

さまざまな普遍性

『國體の本義』のなかで、普遍的とされているは、「西洋文明」だけか。インドについて書いてある部分をみると、インドの思想も「普遍主義」であると書いてある。西欧文明と違ったかたちの普遍主義もあると、考えていることがわかる。イスラムについては多く書かれていないが、普遍主義に数えられるだろう。中国文明も、普遍主義的なものと書かれているように受け取れる。そういう選択肢がありながら、『國體の本義』の皇国主義は、わざわざ日本を、ローカルで独自なものととらえている。普遍主義でなくてもかまわない、である。

*

大日本帝国が普遍主義でないとすると、そこには、日本人しかいられなくなる。皇国主義のなかに、日本人の場所はあっても、台湾の人びと、朝鮮の人びとのための場所がない。

実際には、大日本帝国は、台湾や朝鮮半島を版図としており、台湾や朝鮮の人びとも臣民であるはずだ。だから、日本が「特殊で独自」だという主張は、問題である。『國體の本義』を読むと、台湾と朝鮮がほとんど、無視されている。普遍と特殊の問題をあれこれ考え、論理を組み立てた結果、台湾と朝鮮が論じにくい問題となったので、無視したということであろう。

天皇親政とは

話を本題に戻そう。

『國體の本義』は、天皇親政を強調する。ではなぜ、天皇親政を強調すると、西欧文明と一線を画すことができるのか。どれだけ西欧文明のよいところを取り入れても、それをうまく「醇化」して、日本らしさ（日本の自己同一性）を失わないことができるのか。

天皇親政の秘密を考えてみる。

＊

天皇親政は、天皇機関説を置き換えるためのものだった。

天皇機関説は、君主機関説である。西欧諸国の立憲政体の、基本的な原理である。明治の元勲たちは、日本国憲法が、西欧諸国からみて「近代的な憲法」であることを、もっとも重視した。そこで、西欧諸国の憲法と比べても遜色のない条文を並べた。あわせて、その条文を適切に運用できるだけの憲法思想を用意した。それが、伊藤博文の『憲法義解』でのべられていることとは、第Ⅰ部でみた通りである。

この憲法思想（憲法運用のマニュアル）こそ、天皇機関説にほかならない。

当然、天皇機関説は、標準的な憲法学説として、帝国大学の法学部で教えられた。その第一人者が、美濃部達吉博士だった。

＊

天皇親政説は、天皇機関説と置き換えても憲法が運用できるような、もうひとつの学説である。いや、学説ではない。学説のかたちをとらない、憲法についての独断的な信念だ。

信念の構造

天皇親政は、どういう信念か。

帝国憲法の、第一条と第三条を例に、考えてみる。

第一條　大日本帝國ハ、万世一系ノ天皇、之ヲ統治ス

第三條　天皇ハ神聖ニシテ、侵スヘカラス

天皇機関説はこれを、こう解釈する。

第一条　日本国を統治するのは、（皇室典範が定める）天皇である。

第三条　天皇は逮捕されないし、法的責任や政治責任も負わない。

どちらも西欧諸国の立憲君主制の憲法に、よくある条文と同様の規定である。

＊

いっぽう天皇親政説は同じ条文を、こう解釈する。

第一条　日本国を統治するのは、アマテラスの子孫である、歴代の天皇である。

第三条　天皇は、現人神である。

天皇が「現人神である」とは、『國體の本義』にあるように、天皇がアマテラスから伝えられた鏡をもっており、それを用いて祭儀を行ない、アマテラスと同じ「大御心」になり、「御一体」になるという意味である。

天皇親政説によると、第一条も、第三条も、「大日本帝国憲法」という成文憲法の国家体制をこえた、日本の超歴史的な原則（国体）についてのべている。超歴史的で超憲法的な原則があるからこそ、それが憲法の条文に書かれるのであり、その逆ではない。

このような原則を憲法の背後に読み取って条文を解釈するのが、天皇親政説である。

＊

では、実際問題として憲法の、条文の運用にどれだけの違いがあるか。

条文の運用に、目立った違いはない。いちおうは、そう言える。

天皇親政説は、「説」とはいうものの、新しい法解釈学説を立てているわけではないからだ。けれども、重要な場面で、憲法の運用に、違いが出てくる可能性がある。実際、天皇親政説を信奉する皇国主義は、憲法や法令の運用を、奇妙にねじ曲げてしまった。

ここは、重要なポイントである。注意ぶかくみて行かなければならない。

老舗の酒屋

ここで、話が横にそれるようだが、ひとつの例を考えてみたい。老舗の造り酒屋の話である。

創業数百年の、老舗の酒屋があった。「ミカド屋」という。代々のオーナー社長が、この企業を切り盛りしている。

時代の流れで、法人化し、株式会社になった。オーナー社長がひき続き社長をつとめ、株式も保有している。会社の定款ができ、株主総会も開かれるようになった。

さて、社長が社長なのはなぜか。株主総会の定めにより、役員会で社長に選任されたからだ。法人なのだから、これが正しい。

しかし、古手の従業員は、こう思っている。社長が社長なのは、先代がそう決めたから。創業からずっと、創業家の当主が「ミカド屋」を継ぐと、決まっているからだ。前者（法人説）が、天皇機関説にあたり、後者（創業家説）が、天皇親政説にあたることは、みやすいだろう。

*

さて、ＴＶ番組「老舗めぐり」の取材班がやってきた。社長について、若手従業員に尋ねる。「取締役会で選ばれたんです。」古手の従業員に尋ねる。「代々、ミカド屋の当主なのさ。」どちらが正しいか。どちらも正しい。矛盾していない。そして、どちらの従業員も、協力して、店を盛り立てて行ける。

なぜ、法人説と創業家説が、共存できるか。

それは、経済活動を行なうのに、法人でもよいし、法人でなくても（家族経営でも）よいから。

実際、市場には、法人企業も、そうでない企業も、入り交じっている。どちらであっても、ビジネスに従事し、契約を結ぶことができる。「ミカド屋」の従業員が、法人説をとろうと、創業家説をとろうと、実際の日常業務には違いがない。どちらでも、同じことなのである。

立憲君主制と伝統君主制

では、天皇機関説と天皇親政説の関係は、「ミカド屋」をめぐる法人説と創業家説の関係と同じようなものだろうか。

似ているが、違ってもいる。

ミカド屋は、法人でも、家族経営でも、どちらでも業務ができる。いったん法人経営になっても、また元の家族経営に戻ることが、できなくはない。

それに対して、日本国は、立憲君主制であるか、それとも、憲法なしの伝統君主制か、どちらかである。

立憲君主制の政府職員は、なぜ君主に従うのかと尋ねられたら、「法の定めだから」、と答えなければならない。「昔からの君主だから」、と答えてはいけない。それは、伝統君主制の政府職員の答えである。

＊

立憲君主制の政府職員は、大部分が、正しく制度を理解している。けれどもそのなかに、ごく少数、伝統君主制であるかのように考えている職員が混じっている、としよう。この場合、立憲君主制は、設計通りにちゃんと作動するだろうか。

ちゃんと作動するだろう、おそらく。

伝統君主制であるかのようにものを考える職員は、君主の命令に従って、行動しようとする。そこで、立憲君主制に従ってものを考える職員は、教えてあげる。この条文、この法令が、実は君主の命令なのですよ。なるほど、そうか。そう思ってもらえれば、行動の外見はほかの職員と同じになる。

＊

それではその反対に、立憲君主制の政府職員のうち、正しく制度を理解しているのが、ごく少数である。そのほかの職員は大部分が、伝統君主制であるかのように考えている、としたらどうか。この場合も、立憲君主制は、設計通りにちゃんと作動するのだろうか。

ちゃんと作動するとは、保証できないと思う。

立憲君主制の原則に従って、この条文、この法令に従おうとすると、いったいそれは君主の命令なのかい?と横槍が入る。もちろん、君主の意思など確かめようもない。確かめようもないのに、その意思通りに行動しよう、とする職員が出てくる。結局、政府組織は混乱をきわめることになる。

＊

大日本帝国は、天皇機関説を人びとが理解し、正しいと思うとき、正常に作動するように設計されていた。けれども、天皇機関説はまちがっていることになり、駆逐され、代わりに天皇親政説が採用された。こうした状態では、政府機関が設計通りの性能を果たすことは期待できなくなる。

忠誠の対象

以上を、わかりやすい例で説明してみよう。軍である。

＊

軍は、政府機関のひとつである。武力をそなえた、官僚組織だ。

近世から近代に、社会が移行するにつれ、それまでの時代の傭兵制度は、次第に、絶対君主のもとでの常備軍に再編された。

常備軍は、つぎのような特徴をもつ。

1．常勤の政府職員（職業軍人）からなる。国家予算から給与が支払われる。

2．兵器や軍需物資は、国家の費用で購入し、軍人に使用させる。

3．平時と戦時がある。平時は、政府の行政系統に下属する。戦時は、特別の編制のもと、政府となかば独立して行動する。

4．戦闘は、命令にもとづいて行なわれ、上級の命令は絶対である。

5．独自の作戦単位（師団）と、裁判機構（軍事法廷）と、警察機構（憲兵）をもつ。

などである。

＊

さて、プロイセン軍は、近代化を進めるにあたり、軍人の宣誓を、皇帝に対して行なうのか、憲法に対して行なうのか、どちらなのかをめぐって論争になった。保守派は、いままで通り、皇帝に対して宣誓すべきだ、と主張した。シャルンホルストら改革派は、憲法に対して（つまり、国家に対して）宣誓をすべきだ、と主張した。前者は天皇親政説、後者は天皇機関説、にあたる。

このどちらであるかによって、軍の性質が違ってくるのである。

ドイツ軍は、憲法に宣誓するようになった。

＊

日本軍はどうか。

帝国憲法の制定に先立つ一八八二（明治十五）年、いわゆる「軍人勅諭」が下された。正式な名称を、「陸海軍軍人に下し賜はりたる勅諭」という。教育勅語に比べると十倍ぐらいの長さがある。そこから、要点を抜き出しみる。

a.《我國の軍隊は世ゝ天皇の統率《とうそつ》し給ふ所にそある》（三浦・１８２）

b.《夫《それ》兵馬の大權は朕か統《す》ふる所なれは其司《つかさ》々をこそ臣下には任《まか》すなれは其大綱《たいかう》は朕親《みづから》之《これ》を攬《と》り肯《あへ》て臣下に委《ゆだ》ぬへきものにあらす》（三浦・１８２ｆ）

c.《朕は汝等軍人の大元帥《だいげんすゐ》なるそされは朕は汝等を股《こ》肱《こう》[1]と頼《たの》み汝等は朕を頭首《とうしゅ》と仰《あふ》きてそ

其親《したしみ》は特に深かるへき朕か國家を保護して上天《しやうてん》の惠《めぐみ》に應し祖宗の恩に報《むく》いまゐらする事を得るも得さるも汝等軍人か其職を盡すと盡さゝるとに由《よ》るそかし我國の稜威《みいづ》振はさることあらは汝等能《よ》く朕と其憂《うれひ》を共にせよ》（三浦・183）

言っていることは、陸海軍は、天皇の軍隊だ、である。

それは、わが国の歴史と共に古い。途中、武家政権という遺憾な時期もあったが、いま軍の統率者として復帰した。軍事指揮権は自分の権限だから、ほかの誰かに任せたりしない。お前たち軍人は、私の指揮に従いなさい。

天皇が「頭首」で、軍人が「股肱」（手足）だという人体の比喩は、新約聖書で、イエスが頭で信徒が手足、とキリスト教会を喩えているのを思わせる。これを参考にしている可能性もある。

＊

法律や制度にかかわらず、天皇と軍人が直接（無媒介）に結びつく。軍人勅諭は、天皇親政説の宣言である。

憲法の統帥権

いっぽう、帝国憲法にも軍と統帥の規定がある。関係する条文を、『憲法義解』から抜きだせば、

d. 《第十一条　天皇ハ陸海軍ヲ統帥ス》（伊藤・23）

〔1〕**股肱**　最も頼りになる家臣。

e.《第十二條　天皇ハ陸海軍ノ編制及常備兵額ヲ定ム》（伊藤・24）

f.《第十三條　天皇ハ戰ヲ宣シ和ヲ講シ及諸般ノ條約ヲ締結ス》（伊藤・25）

g.《第三十一條　本章ニ掲ケタル條規ハ戰時又ハ國家事變ノ場合ニ於テ天皇大權ノ施行ヲ妨クルコトナシ》（伊藤・56）

…「本章」とは、第二章「臣民權利義務」を指す。

h.《第三十二條　本章ニ掲ケタル條規ハ陸海軍ノ法令又ハ紀律ニ牴觸セサルモノニ限リ軍人ニ準行ス》（伊藤・59）

のようである。

＊

第十一条が、いわゆる統帥権（軍事指揮権）が、天皇にあることを定める。言い換えると、政府は、統帥権に関与しない（できない）。

実際には、統帥権はどのように行使されるか。陸軍の統帥部は、参謀本部。そのトップが参謀総長である。海軍の統帥部は、軍令部。そのトップが軍令部長（のちに、軍令部総長）である。彼らは、常時、天皇に上奏（ブリーフィング）を行なう。作戦命令を発出する際には、参謀総長、軍令部長が作戦命令書を起草する。それを天皇が裁可すれば、命令が効力をもつ。以上は、憲法の定めではないが、法令にもとづく手続きである。

この手続きでは、天皇は署名捺印するだけ、である。「天皇機関説」そのものだと言ってよい。

軍人勅諭が描く「天皇親政」は、どこへ消えてしまったのか。

聖霊とはなにか

大日本帝国は、近代国家である。いちおう。近代国家であるから、法令によって動く。いちおう。

「いちおう」と但し書きをつけるのは、どんな組織や法令にも、どんな意思決定にも、天皇親政の影がつきまとうからだ。

天皇親政とは、聖霊（Holy Spirit）のようなものである。突飛なようだが、重要な類似がある。説明しよう。

＊

キリスト教には、「聖霊」というものがある。三位一体説にいう、父と子と聖霊。あの聖霊だ。聖霊とはなにか？　それを、キリスト教になじみのないひとに、うまく説明するのはむずかしい。

父は、天におられる父。この世の創造者である、父なる神（Ｇｏｄ）のことだ。子は、そのひとり子、ナザレのイエス。人間の姿をとって、この世界に送られたという。父と子は、まだしもわかりやすい。

さて、問題の聖霊。復活したイエスが昇天したあと、代わりに、弟子たちのところに降った。

父と子から出て、必ずしも物質的な存在でない。父と子、とは位格（ペルソナ）は異なるが、同質であるという。ただひとつである神が、人間に現れるもうひとつのかたちだ。これ以上うまく、説明のしようがないのであるが、まあ、この世界を満たしている神の活動（電波）のようなもの。そして、人間の精神活動に働きかけるもの、と考えるとよい。

*

さて、キリスト教の話をもう少し続けよう。

一神教の神は、全知全能である。この世界に対して、そして人間に対して、絶対的な支配力をもっている。これを、神の「主権」という。

さきほど来の言い方で言えば、神はこの世界を、「親政」しているのである。

具体的には、どういうことか。

神はこの世界を創造したあとも、この世界のすべての出来事を、自然法則どおりに生起させている。生起させている、とは、生起させないことも随時できる、という意味である。自然法則とは違ったことが起こるのが、奇蹟である。神は奇蹟を起こす能力をもっており、いついかなる場合にもそれは可能だ。

ということは、この世界のすべての出来事は、神の承認と許可によって、起こっていることになる。ジョンが生まれたのも、メアリーが成人したのも、リチャードが九〇歳の寿命をまっとうしたのも、すべて神の意思（恵み）である。この世界に、偶然（神の知らないあいだに起こる出来事）はひとつもない。神の承認がなければ、どんな出来事も起こらないのである。

では、人間に自由意思はあるのか。聖書を読むと、神が誰それの心を頑なにしたので、こう行動した、という記述があちこちにある。神は人間の精神活動に働きかけて、行動を支配することができるのである。

＊

この考え方を徹底すると、人間には自由意思などないことになる。自由意思とみえるものは、聖霊の働きで、聖霊がそのひとをそう考えさせているのにほかならない。

＊

キリスト教でも、大まじめにこのように考えるのは、プロテスタントのなかでも、クエーカーとかペンテコスタルとか、福音派とか、限られた人びとであろう。けれども、神の主権がこの世界に及び、聖霊が行き届いているという感覚は、それなりに共有されている。

聖霊と、天皇親政

そこで、こういう二重性が生じる。

キリスト教と無関係の世俗の立場からは、こうみえる。人びとは市場で、利益を最大化しようと取引きを行なっている。自然現象は、自然法則に従って機械的に起こっている。自然科学者の観察する通りだ。人びとは偶然に出会って結婚し、子どもを生む。などなど。

同じ出来事が、信仰の立場からは、こうみえる。人びとは市場で、利益をえたり損したりしているが、それは神の意思による。人びとは神の意思で結婚し、子どもを生む。などなど。同じ出来事は、こちら側からは、自然法則によって機械的に起こるとか、偶然だとかみえる。反対側からは、神の意思によって起こる、とみえる。

すべての出来事を、そのように起こしている神の意思としてとらえる。それを「聖霊」とよぶならば、この世界は聖霊に満ちている。

＊

天皇の意思も、聖霊と同じように、この世界のすべての出来事を、起こしていると考えることができる。

政府職員が、法令に従って働いている。企業の従業員が、職務に励んでいる。農民が農作業に、職人が製造現場で、学生が勉学に、主婦が家事労働に、精を出しているとすれば、それはすべて、天皇の命令である。天皇の恵みであり、恩恵である。

でも、政府職員は、法令に従っているだけではないか。そうとも言える。そう考える（そうとしか考えない）のが、立憲主義であり、天皇機関説である。

けれども、政府職員が法令に従っているのは、天皇の命令だからで、実は法令ではなく、天皇の命令に従っているのだ、とも言える。そう考える（そのようにも考える）のが、天皇親政説である。

＊

天皇親政説は、すべての社会的プロセスの背後に、天皇の意思を想定する。そのように考えることは、社会の実態と矛盾しない。社会の実態を説明できる。天皇の意思は、あたかも聖霊がそうであるように、すべての出来事を生起させているのである。

近代軍とミカド軍

では、天皇親政説をとることは、立憲政体や近代社会のメカニズムに、なんの影響も与えないのだろうか。

与えると思う。

そのことを考えるため、軍をふたたび例としよう。軍は、極限状態に直面する組織なので、問題がみやすいからである。

＊

近代軍とミカド軍がいる。

近代軍は、憲法に宣誓し、政治家の軍事指揮権に従い、国内法令と国際法に従って行動する。軍人としての訓練も、そのように行なわれる。軍内のルールは、一般社会のルールと、基本的に共通である。違うのは、戦闘を任務とするところだけだ。そのために必要なスキルを、訓練して身につける。軍人は、指揮官の合法的な命令に従う。

ミカド軍は、君主の軍事指揮権に従う軍隊である。（君主に従うことになっているが、実際には君主はただのロボットで、軍隊は自分で自分に従っているだけなのかもしれない。しかしそのことは、秘密である。）国内法令と国際法に従って行動するかどうかは、保証の限りでない。誰も外部から軍を統制できないからである。軍内のルールは、一般社会のルールと、同じとは限らない。軍人は、戦闘に必要なスキルに加え、この軍内のルールを身につけなければならない。

＊

ミカド軍の軍内ルールの例。

兵士に一人一挺、銃が与えられる。銃は君主が与えたものだから、大切にピカピカに磨かなくてはならない。

兵士に与えられた備品が揃っているか、定期的に検査する。揃っていなければ、君主に対する不忠だとして、暴力を振るわれる。よって、足りなければ、どこかから盗んで来なければならない。

先輩の兵士は後輩の兵士に対して、恣意的に暴力を振るう。彼らを「教育」する義務があるからである。

＊

ミカド軍は、戦闘する。装備も、訓練も、戦術も、近代軍とほぼ同じである。

しかし大事な点が違っている。ミカド軍の将兵は、投降して捕虜となることを禁じられている。「生きて虜囚《りょしゅう》の辱《はずかし》めを受けず」という戦陣訓がある。

捕虜になることが禁じられたのは、日清戦争がきっかけだという。清国軍は国際法を守らず、投降した日本軍の捕虜を辱め、殺害した。投降してむごたらしく殺されるよりも、自決したほうがずっと楽である。合理的な指導だったかもしれない。

けれども戦時国際法には、降伏の規定がある。指揮官が降伏の意思表示をすれば、部隊がまるごと投降できる。そして、捕虜としての待遇をうける。戦闘行為を離脱し、生存が保障されるのである。

ミカド軍に与えられた君主のメッセージ（軍人勅諭）には、《義は山嶽よりも重く死は鴻毛《こうもう》よりも軽しと覺悟せよ》（三浦・183）と書いてある。中国の古典からの引用に見せかけながら、原典では「命を大事にせよ、死に急ぐな」という意味だったのを、反対の意味にすり替えたという。ともかく、戦闘では必要ならさっさと死ね、という意味になった。

なぜ戦死するのか

戦死をどう考えるか。

近代軍では、避けるべき犠牲と考える。人間はすべて、軍人を含めて、命があり、生きる権利をもっている。いつ死ぬかは、世俗主義者にとっては、自然法則と偶然の問題であり、信仰者にとっては、神の意思の問題である。戦闘では、誰が死ぬか、人間には予測ができない。逆に言えば、どんなに危険な任務であっても、生存のチャンスがある。その限りで指揮官は、命令を下すことができる。

命令の結果、軍人が死んだ。彼がそこで死んだのは、偶然である。あるいは、神の意思である。決して、指揮官の命令によるのではない。

指揮官は、誰かに、死ぬように命ずることができない。命ずれば、神に背くことになるのである。

軍人が、危険をかえりみず任務に従って、命を落とした場合、彼は英雄である。それは一般社会で、誰かが、危険をかえりみず命を落とした場合、隣人のために命を犠牲にした、隣人愛の行為だと考えられるのと同じである。イエスが教えている通りだ。

＊

ミカド軍ではどうか。

ミカド軍は、戦死を、尊い犠牲と考える。人間はすべて、軍人を含めて、命があり、生きている。それは、君主の恵みである。君主のために命を落とすことは、君主への忠の証明である。命を落とさない献身よりも、命を落とす献身のほうが価値が高い。命はもともと、君主から与えられたものだからだ。そこから、死にさえすればよい、という発想まではほんの一歩だ。

指揮官は、必ず死ぬ（生還が見込めない）作戦を、命令できるか。

ミカド軍にもためらいがあった。そこで、志願者が参加するかたちをとった。それでも、指揮官が命令していることに変わりはない。「特攻」である。ミカド軍では、特攻が可能である。

特攻は、それでもいちおう、作戦行動である。敵に向けて出撃し、反撃されて死亡する。戦術的意味も、戦略的効果のほども疑わしい。戦闘行為なのか、君主に対する忠誠を証明する「宗教的」行為なのか、区別がつかない。

なぜ玉砕するのか

いわゆる「玉砕」は、作戦行動でさえない。

ある部隊が戦闘を続けていて、絶望的な状態になった。敵軍に囲まれて孤立し、補給も途絶え、弾薬も食糧も底を突いた。脱出は無理である。投降も禁じられている。では、どうする。

軍人たちは相談する。このままでは順に殲滅《せんめつ》されるか、餓死するだけだ。それよりも、全員で敵陣に総攻撃をかけよう。命をかえりみず戦った、君主への忠誠の証をみせよう。「バンザイ突撃」である。

万歳突撃は、作戦命令のかたちをとっているが、集団自殺である。機関銃が待ち構えている陣地に向け、白昼、身をさらして突進する。攻撃でも何でもない。むざむざ標的になるだけだ。

このような、戦術的に意味がなく、戦略的効果もない命令を、指揮官は下す場合がある。そして人びとは、命令に従う。国内法も、国際法もない。これが、ミカド軍だ。

なぜ全員で、突撃するのか。それは、誰かが脱落することを恐れているから。全員をひとつの運命に巻き込むことを優先するから、である。内心、そんなことは無駄で無意味だと考える誰かがいても、強引に集団自殺の道連れにするためだ。

このことは、ミカド軍のやり方がこれでよいのか、内部に疑念と反撥《はんぱつ》があること、それにフタをし圧殺する力学が、ミカド軍にそなわっていることを示している。

あなたが、玉砕など無意味だと、強く確信しているとしよう。だが、そう発言して、玉砕には加わらないと言ったとすると、命令不服従のかどで、上官に確実に殺害される。それがわかっているので、玉砕に加わる。玉砕なら、万にひとつ、生存の見込みがあるだろう。

ミカド軍は、部隊が全滅することを、玉砕とか散華《さんげ》とかと称する。投降せずに死亡することを、美化している。

＊

硫黄島の戦い

南洋の島々で、玉砕が相次いだ。

アメリカ軍は、飛び石づたいに、つぎつぎ拠点となる島々を攻略した。一九四五年二月、硫黄島がつぎのターゲットになった。硫黄島の飛行場は、日本を空襲する戦略爆撃機の拠点となる。硫黄島守備の責任者・栗林忠道中将は、なるべく長く抵抗を続けるため、水際の防衛を捨て、山側に長い坑道を掘った。バンザイ突撃を禁止し、《我等ハ最後ノ一人トナルモ「ゲリラ」ニ依ッテ敵ヲ悩マサン》と指示した。一日でも飛行場の使用開始が遅れれば、本土はそれだけ助かる。アメリカ軍は上陸作戦で大きな損害を出し、全島の攻略に一カ月あまりを要した。戦略的な目的に合致した合理的な戦術である。

＊

このように正しく行動する指揮官もいたが、全体としての戦争指導は混乱していた。なぜそうなるのだろうか。

統帥権の独立

ミカド軍は、近代軍と、行動が異なっている。

戦況が絶望的になると、特攻や玉砕など、非合理な行動をとる。

では、通常に戦っているとき、その行動は合理的か。平時、戦略を練っているとき、その思考は合理的か。合理的ではない。戦さで負けていないので、非合理的であることが目立たないだけだ。

＊

その非合理な異常さの原因は、軍と政府が無関係なことに由来する。

陸海軍は、帝国憲法より成立が古かった。帝国憲法ができることになり、その前に急いで軍人勅諭をつくった。陸海軍は天皇の軍隊だと、天皇親政説そのものがのべてある。

帝国憲法は、統帥権（軍事指揮権）を天皇に属するものとし、政府が介入しないようにした。編制や常備額についても、議会は口を挟めなかった。それでも明治のあいだは、維新を担った元勲たちが健在だったので、軍と政府の関係はまあなんとかなっていた。昭和になると、軍は誰の言うことも聞かなくなった。

クラウゼヴィッツはいう、戦争は政治の延長であると。政略と戦略（軍略）は本来、密接に連関している。それが切り離されると、軍は非合理な存在になる。

*

軍が政府から、独立しているのが正しい。これを主張するスローガンが「統帥権の独立」である。誰かが軍をコントロールしようとすると、統帥権の干犯であると騒ぐ。その根本を支えるのが、天皇親政説である。

天皇機関説を攻撃する、国体明徴運動は、軍の政府からの独立を完成させるために、必要な運動だった。軍が日本国のなかの日本国になれば、軍は不合理な行動をする。そして、日本国も、ガン細胞に蝕まれたように、非合理な行動をしなければならなくなる。

張作霖爆殺事件

その前兆は、早くからあった。

一九二八（昭和三）年六月、奉天軍閥の首領・張作霖が爆殺された。関東軍の参謀・河本大作《こうもとだいさく》大佐が首謀者だとされる。事件は伏せられたが、陸軍の陰謀だという噂が立った。昭和天皇は田中義一首相に、真相の解明を迫る。隠蔽をはかる陸軍との板挟みになった首相は、あいまいな報告をして天皇に叱責され、辞職。その後、急死してしまう。

この事件は、出先の軍部隊が起こした謀略だった。

この真相が究明されず責任者も処罰されなかったため、類似の事件が続発する。一九三一（昭和六）年九月の、満洲事変。一九三七（昭和十二）年七月の、支那事変。どちらの場合も、参謀本部は情報を把握していたが、政府には伝えられなかった。現場で軍事衝突が起こり、それが拡大して、あとから政府が追認する。そこには一貫した政略も、戦略もない。

＊

中国戦線がいつの間にか拡大し、持久戦になったのも、想定外だった。陸軍の仮想敵国はソ連で、海軍の仮想敵国はアメリカだった。日中の衝突は、本筋から逸脱した、無関係な戦争である。中国に深入りした結果、アメリカとの対決が避けられなくなった。国益の追求になるのかどうかもはっきりしないまま、対英米開戦以外に出口のない場所へと追い込まれて行くのである。

天皇親政説のパラドクス

戦争が日常化していく昭和初年、日本は戦争マシンへと変化して行く。

戦争マシンとは、戦争の遂行を目的とし、政治も経済も、戦争に奉仕する体制である。政党は解散した。いまや議論の場合でない。市場は、統制経済となった。いまや利潤追求の場合でない。すべての資源は、軍事目的に集中される。

では、戦争目的は何なのか。それがあいまいである。あるいは、空白である。そもそも、陸軍の戦略と海軍の戦略が、調整されていない。それを調整するのが、政府であり、政府の主導する統合参謀本部である。政府は戦争を、主導しなかったし、統合参謀本部も存在しなかった。何のための戦争かわからないのに、戦争を準備する。こんなことがなぜ、起こったのか。

＊

軍はあちこちで、衝突を起こした。軍事衝突が起これば、軍の発言権が増すからである。予算も増える。軍は、天皇親政と統帥権の独立によって、政府より優位に立つ。天皇に直属しているからである。しかし天皇は、なにも考えていない。国家機関説によって教育され、憲法の規定どおり、臣下の合議によって国家を運営するよう訓練されているからである。

意思がない天皇を、意思あるものの如くに扱う。天皇親政説の最大のパラドクスが、ここにある。

＊

ではなぜ、天皇親政説がここまで猛威をふるったのか。

日本の近代化における、天皇の意味を考えてみなくてはならない。

2・2　天皇の近代

天皇親政について、追いかけた。

その前提として、「天皇」とは何なのか。

各国の君主と、どう違うのか。

天皇親政の観念が猛威をふるい、軍を暴走させ、日本を破滅に導いた、その根源である、天皇そのものについて、考えてみよう。

天皇という君主

天皇は、王の一種である。

王は、世襲でそのポストを継承する。そして、血縁を越えた範囲を（ある領域を）統治する、という特徴をそなえている。

世襲で、ポストを継承していても、血縁にある者たちだけを統治する場合は、酋長とか族長とか部族の長とかである。氏族や部族が集まって、もっと大きな団体を形成し、世襲の首長によって統治する場合が、王である。

王は、血縁を越えていて、ある場所の全域を支配する（一円支配）。その範囲に住む人びとから、税をとる。税は、反対給付をともなわない、一方的で強制的な資源の移転であって、王の統治の基礎となる。税をとることができることが、王の定義と言ってもよいほどだ。

＊

王より前の段階の統治者は、族長である。族長はふつう、反対給付をともなう資源の移転（贈与）によって、支配を行なう。族長の支配の根拠は、血縁関係である。族長は、偉いかもしれないが、血のつながった仲間（同輩）である。血縁のある人びとのあいだでは、交換（贈与と返礼の応酬）が、社会関係の基礎である。人類学者は、世界中で、交換のネットワークであるような社会を発見している。

＊

王は、ある歴史段階になると、世界中で現れてくる。そして多くの場合、しばらくするうちに、その系譜が途絶してしまう。たいていはほかの王にとって代わられる。

天皇も、そうした王権のひとつである。

天皇が特異なのは、古代に起源をもつ王権であるのに、途絶することなく、近代にまで存続している、ということである。こういう王権は、ほかに例をみつけることができない。

英国王室と国教会

近代を迎えようとする時期、各地にまだ王権が残っていた。ヨーロッパにも、多くの王権があった。

　こうした王権は、国民国家（ネーション・ステート）の成立に、有利な場合は存続し、不都合な場合は排除される。国民国家が成立したあとでも、その発展に不都合な場合は排除される。こうして、多くの王権が、歴史的役割を終えて行った。

　こうしたなかで、注目すべきなのは、英国王室である。

＊

　英国の王家は、王朝が何回か交替している。ここ数百年に限っても、チューダー朝→スチュアート朝→ハノーヴァー朝→ウィンザー朝、と推移している。

　英国にとって重要だったのは、チューダー朝のヘンリー八世が、カトリック教会と断絶して、英国国教会を樹立したことである。国王自身が、教会の首長となった。このことで、英国と英国民のアイデンティティは、いっそう確実なものになった。王朝が交替しても、英国は英国であるのは、英国民というひとつの団体が、存続しているからである。（なお、日本語で、英国とかイギリスとかいうが、厳密にいうと、英語でそれにあたる概念は存在しない。いま存在するイギリスという国は、簡単には、連合王国（ＵＫ）と称すべきものである。）

天皇と神道

　天皇家は、（厳密な系譜の連続性という意味では、少し怪しいところもあるが）王朝の断絶を経験していない。世界的にもめずらしい、ほぼ唯一の王家だと言ってもいい。

＊

天皇ははじめ、数ある氏族（ないし、豪族）のなかのひとつの、首長の血筋であった。

そのころは、多くの氏族があって、それぞれの首長がその氏族を支配し、氏神を祀っていた。氏神は、氏族の神話的な先祖である。

氏族と氏族とは、そしてまた氏神と氏神とは、どういう関係にあったかわからない。氏族と氏族とは、互酬的な同盟関係を結んだりほどいたりしたであろう。氏神と氏神とは、なんらかの関係を持ちながらも互いのあいだに明確な優劣を持たなかったであろう。

＊

天皇の氏族は、氏神アマテラスを、神話的な祖先としていた。これをかりに、アマ氏族といっておこう。

アマ氏族はやがて、ほかの氏族を圧倒するほど強大となり、恒久的な統治機構（政府）を組織することになった。そのモデルは、中国が参考になった。文字、武器、そのほか統治に必要な技術も入手した。

ここで編成されたのは、神々の相互関係である。それぞれの氏族が祀っていた神々は、ひとかたまりのパンテオン（高天ヶ原）に統合された。それぞれの氏族の神話や伝承が、集められ、断片化され、織り込まれたろう。そしてひとつのストーリーにまとめられ、アマテラスは、パンテオンの主神としての地位を獲得した。アマテラスを祀る資格は、アマ氏族（の首長）に独占されている。アマ氏族（の首長、すなわち天皇）だけに、アマテラスを、そしてそのほかの神々を、祀る権限がある。

こうして、天皇の主宰する神道が、格別な祀りとして確立した。このパンテオンをめぐるストーリーは、古事記、日本書紀に書き留められている。（それ以外のストーリーは、書き留められなかったため、失われ忘れられた。）

皇統連綿

この天皇の系譜が、途切れなく続いていることになっている。

こういうありそうにないことが、実際にそうなのだとすれば、その理由はなにか。

第一。系譜のたどり方が、厳密な父系血縁ではない。

中国も、西欧諸国も、…世界の多くの国は、父系血縁である。厳密に、父方の系譜をたどる。とくに王家は、王の血筋が権力の正統性の根拠になるため、それを「物理的」に証明する必要があった。「物理的」に、とは、王の妻や妻にあたる女性らを一カ所に閉じ込め、周囲をぐるりと高い塀で囲うことである。この場所を、後宮（ハーレム）という。後宮の出入り口のカギは王が管理し、王以外の男性は出入りできない。こうしておけば、誰が妊娠しても、その父は王であることが明らかである。

日本の社会は、父系でなく、太平洋海域に分布する親族集団のやり方（多くは父方をたどるが、母方をたどってもよい）による。父だけでなく母も、系譜を伝える能力がある。しかも、妻問婚《つまどいこん》というやり方を（平安時代のころまで）採っていた。妻問いは、年頃の女性を離れに住まわせ、思いを寄せる男性が訪ねて来て、子どもが数人生まれたタイミングで夫のもとに移動する、というやり方である。父親の証明など、あるはずもない。この伝統に従い、天皇の妻や妻にあたる女性らも、囲われないで、寝殿造りの（つまり、アクセスが容易な）建物に住まっていた。「系譜が絶える」心配などないのである。

＊

第二。天皇は、統治の実権を持たないのが、慣例だった。

これは、妻問婚とも関係がある。娘の父は、娘を将来性のある婿に嫁がせようとする。娘の生んだ子の外戚として、婿（娘の夫）を通して権力をふるうことができる。婿となる男性は、なるべく有力者の娘と結婚しようとする。これが、藤原氏と天皇家の関係である。

天皇は、日本国の統治権の所在を、象徴的に体現する役割。実際の統治権力を、必ずしも保持しない。天皇の権威は、その祖先アマテラスを、祀るところに由来する。

天皇が、このように祭祀王であって、祭祀王でしかないならば、統治権力の実態がどう変化しようと、順応できる。氏族を束ねた初期の政権が、摂関政治となり、院政に変化し、武家政権に移行し、…それでも存続できたのは、このような理由であろう。

多くの父系の王権では、王朝がしばしば断絶するのに対し、天皇の系譜は、途切れることがなかった。これは、いまみたように、途切れにくい十分な理由があったからである。

けれどもやがて、「天皇による統治が優れている⇩天皇の系譜が存続する」のだ、という論が唱えられるようになる。北畠親房の論、山崎闇斎の論、本居宣長の論、などがそれである。

＊

神国日本

江戸時代の儒者は、この途切れなく続く天皇の系譜を、どう理解すべきか議論した。その結論は、儒学の正統論に照らして、日本のこの天皇の系譜は、きわめて高く評価できる、であった。「きわめて高く」とは、中国の皇帝と同等かそれ以上、という意味である。

中国の皇帝は、天と結びついている。天を祀り、天から命令を受けて、天下を統治する。皇帝は天と、血縁によるつながりがあるわけではないから、天との関係が途切れる場合がある。これが、王朝の途絶である。

これに対して日本の天皇は、天ではなく、皇祖（アマテラス）と結びついているのであった。天皇は、皇祖（アマテラス）を祀るが、それは祖先だからである。皇祖と天皇の関係は血縁関係だから、途切れない。ゆえに、皇統は断絶がない。

＊

山崎闇斎のような儒者は、儒学と神道を結びつけて、天皇の地位を神格化しようとした。天皇の地位は、神に由来するものだとした。

本居宣長は、儒学による正当化によらなくても、天皇の地位は神格化されているとした。古事記のテキストを精密に読み解き、儒学が到来する以前の〈原日本〉に、すでに天皇の統治が成立していたこと、それは天皇がアマテラスの子孫であると、人びとが考えていたからであること、を証明したのである。

＊

儒学は、中国と周辺国にあてはまる、ある程度普遍的な原理である。

それに対して、日本の儒学と国学は、日本だけに妥当する特殊な議論を編み出した。「日本は特殊である、だから優れている」というロジックである。これが、日本は「神の国」である、の意味である。

（このあたりの詳しい論証については、橋爪大三郎『丸山眞男の憂鬱』（講談社選書メチエ、二〇一七）、橋爪大三郎『小林秀雄の悲哀』（講談社選書メチエ、二〇一九）を参照してほしい。）

尊皇思想

江戸時代、特に幕末にかけて、日本は尊皇思想に覆われていく。

もともと尊皇思想は、純然たる日本国内の問題として始まった。だがやがて、国際情勢のなかで、日本の針路を決定づけるものになっていく。それはなぜなのか。

＊

江戸時代には、身分制度があった。武士は、統治階級として、権限と責任を負っていた。武士を束ねていた幕府は、武士たちに、朱子学を奨励した。軍事行動は禁止します。お前たちは行政職員なのだから、朱子学をしっかり勉強しなさい。

武士たちは言われた通りに、朱子学を勉強した。なかなかよいことが書いてある。これを現実に生かさない手はない。ところが、さらに読み進むと、どうも様子がおかしい。朱子学と、日本社会の実際とは、整合しないのだ。

＊

整合しない最大のポイントは、朱子学を担う主体である。

中国で朱子学を担うのは、士《し》大夫《たいふ》（志を立てて勉学に励む一般の人びと）、要するに、勉強のできる農民である。その学力を試験（科挙）で政府に認めてもらい、政府職員に採用される。けれども日本で、行政職員として統治にあたるのは、農民ではない。武士である。武士は、身分で、生まれによって武士なのだ。イエ制度により世襲されていく。話の前提が、まるで違うではないか。

武士たち（の長男）は、勉強に身を入れなくても、藩の正規職員になれることが保証されていた。真剣に儒学を学ぶのは、正規職員になれない次三男。さもなければ、上層の農民や町人である。儒学を学んだ彼らは、正規職員ではないかもしれないが、頭のなかでは武士以上の武士として行動する。闇斎学派の浅見《あさみ》絅斎《けいさい》は、そうした町人の儒者だった。

＊

これら、儒学の本質と真剣に向き合う儒者たちは、どこに知性の誇りと存在理由を見出すか。イエは、身分と結びついている。農民は農民だし、町人は町人である。制約がある。ならばイエの制約を超えて、義に生きる道はないのか。

忠と孝

儒学が人びとに課す行動原理のうち、注目すべきなのは、忠と孝である。

忠（義ともいう）は、政治的リーダーに対して服従すること。政府職員となった儒者が、皇帝に服従することである。この義務は、重い。ただし、一般の人民は、政府職員でないから、この義務を課せられない。人民は、皇帝が下す命令（法律）に服従するだけでよい。

孝は、これに対して、すべての中国の人民が、親族の年長者（特に、親）に対して服従すること。政府職員も、親があるから当然、この義務に服する。この義務もまた、重い。

忠と孝とは、別々のものである。服従する相手が異なる。

では、どちらがより重いか。忠と孝が両立できない場合、どちらを優先させるか。儒学の原則は、忠よりも孝を優先させなさい、と決まっている。すなわち、孝＞忠。（日本では、この反対が儒学であるかのように教える場合があるので、注意しなければならない。）

＊

朱子学を受け入れた日本人は、儒学のこの原則を勉強した。そして、日本社会にあてはめようとした。

忠（義）とはなにか。主君に対する忠誠である。一般の武士は、藩の大名が主君である。藩の大名は、徳川の将軍が主君である。徳川の将軍は、天皇が主君である。それぞれ、臣下の礼をとっている。武士でない人びとには、忠の義務はない。なるほど。

では、このように理解したとして、かりに大名が将軍に、叛旗《はんき》をひるがえしたらどうするか。将軍が天皇に背いたらどうするか。中国には、将軍も大名もいないので、こういう状況は起きない。答えが書いてない。そこで、直属の主君が優先する（主君の主君は無視する）のが、正解ではないかと考えた。昔から、武士はそのように行動してきたからである。

＊

つぎに、孝とはなにか。イエの主人に対する忠誠である。日本には、親族の組織が、イエしかないからだ。（親戚であっても、イエとイエが敵対する場合がある。）江戸時代、日本の人びとはかならずどこかのイエに属していた。なるほど。

では、このように理解したとして、忠と孝の関係はどうなるか。実は、同じものになってしまう。天皇家もイエ。将軍家もイエ。大名もイエ。武士もイエ。日本の政府組織は、みなイエできているからである。イエの秩序を守ることが、すなわち、政治秩序を守ること。であれば、孝と忠とは区別できないではないか。

＊

江戸時代に朱子学を学んだ人びとは、以上のように考えて、つぎのように結論した。忠＝孝。忠と孝とは、区別する必要がなく、同じものである。これを、「忠孝一如」という。

忠孝一如は、中国の儒学のテキストの、どこにも書いていない。けれども、日本では有力な説、いや通説となって、普及していった。

忠（義）の拡大

忠と孝を区別しないことによって、儒学は儒学のままで、性質が変化する。

＊

まず第一に、忠（義）が、絶対化する。

忠はそもそも、孝よりも重要でないとされていた。孝（親への服従）の前で、忠は相対化された。その孝が、忠と同じものである（忠を果たせば、孝を果たしたことになる）のなら、忠を孝が相対化することはできない。よって、忠は絶対化される。絶対化されるので、忠の強度は強まる。

＊

第二に、忠（義）が、全体化する。

忠はもともと、政府職員（武士）に限定された行為規範であった。農民や町人には、関係なかった。けれども、忠が孝（イエの行為規範）と同じものなら、それは、人民すべてのうえに拡張される。人間ならばおよそ、この行為規範に従わなければならない。

とは言え、農民や町人にとって、主君（忠の対象）とは誰だろう。さしあたりそれは、イエの主人である。よろしい。けれどもこれでは、ただの孝と同じである。忠＝孝となった、新しい行為規範が向けられる先は誰か。それは、イエの範囲を超え、その外側に向かう。

武士にとっても、それは同じだ。さしあたり、自分の属するイエの主君（大名）が、忠誠の対象である。でもそれは、孝にすぎないのかもしれない。忠＝孝という重みをもった忠誠心は、主君のイエ（藩）を超えたところに向かうべきではないか。仕えて悔いのない、ほんとうの主君を求めて。

*

「ほんとうの主君」とは、いったい誰だろう。日本人の全員が、そのような感覚を共有するようになる。

忠（義）の脱構築

ここまでの議論を整理してみよう。

朱子学の説く忠（義）は、日本の社会風土のなかで、つぎのように拡張された。

忠（義）を生きるのは…　武士　⇩　武士、農民、町人などすべての日本人
忠（義）の対象は…　直属の主君　⇩　直属であることを超えた主君
（武士なら大名、
農民や町人なら
イエの主人）

このような読み替え（脱構築）は、武士が、そして農民や町人が、自分の生き方（行為規範）として、朱子学をまじめに読んだことの結果である。このように読み替えなければ、彼らは現実社会を儒学の原理によって生きていくことができなかった。

*

朱子学は、宋代の中国で生まれた学問である。日本にはもっと早くから（室町時代には）伝わっていた。なぜその時期、朱子学は、こうした脱構築を被らなかったのか。

その時期、儒学・朱子学のテキストを読解していたのは、僧侶らである。京都の五山がそのセンターであった。全国でも、僧侶が武士のために、祐筆《ゆうひつ》として、文書を読解・作成していた。

僧侶は、朱子学のテキストを読むだけで、それを生きる必要がない。語学の学力があるから、アルバイトをしているだけである。ちょうどわが国で、仏文科を卒業した教授たちが、フランス

現代哲学を翻訳したり講釈したりしているのと同じである。哲学者の書物を翻訳しても、哲学者になる必要はない。革命家の書物を翻訳しても、革命家になる心配はない。

武士は違った。武士は、出家し現実世界と関わりを断った僧侶ではない。現実に関わるために、戦い、ときに命を落とし、社会にコミットし続けた。江戸時代になり、武士は戦いと勢力拡大を禁じられ、代わりに行政職員となること、そのために学問をすることを命じられた。そこで彼らは、刀の代わりに本をとり、学問に励んだ。彼らは学問を生きる必要があった。学問を通じて、現実に関わろうとした。

江戸時代にはじめて、朱子学の脱構築が起こった理由は、このようである。

正統な君主

朱子学には、正統論がある。正統な君主は誰であるか、を考える議論である。

中国では、暴君が現れる。簒奪《さんだつ》者が現れる。叛逆が起こる。王朝が交代する。誰が正統な君主か、自明でない状態が生ずる。仕えるべき君主が誰か、はっきりしなければ、朱子学は行為規範として機能しない。ゆえに、正統論が必要になる。

＊

朱子学の正統論が、わが国で本格的に議論されたのは、北畠親房『神皇正統記』だった。後醍醐天皇が、幕府から政権を奪還して、建武中興をなしとげた。それが頓挫して、朝廷が南北に分裂した。政府が南北に分裂するのは、中国ではよくあることだ。そこで、南朝の正統を主張するため、朱子学の正統論を参考にしたのである。

実際に、神武天皇から現在にいたる天皇の系譜を検証してみると、朱子学の原則に合致しているとは言えないところが多々あった。けれども朱子学は、天皇の正統性を論証するための、根拠に使えそうなこともわかった。

江戸時代に水戸藩が編纂を始めた『大日本史』は、『神皇正統記』に触発された事業である。実際の政治体制と朱子学の原則とを照合する試みは、江戸時代の重要な論点となった。

＊

朱子学の正統論を、神道にあてはめ、天皇の正統性を証明しようとしたのが、山崎闇斎と闇斎学派である。闇斎学派は、朱子学の中の一グループにすぎなかったが、学派を超えて、大きな影響を江戸思想に与えた。

闇斎学派は、徳川将軍の正統性を否定して、天皇こそが正統であると結論した。闇斎学派の浅見絅斎は、江戸は敵地であるとして、生涯足を踏み入れなかった。隠れ過激派である。現実に倒幕に動くわけではないが、心のなかで天皇を正統な君主と仰ぐ、尊皇論が徐々に流布していく。

朱子学を学び、忠孝一如を学んで、中国儒学の標準的なテキストを超えた忠誠の対象を求める動きは、天皇に、焦点を結んでいく。

尊王論の特質

わが国では、天皇が正統な君主で、崇められるのは当たり前ではないか、という感覚がある。けれども、世界的な文脈でみるならば、政治的主君（王）に対するこのような態度は、きわめて特異であることに注意しなければならない。

＊

まず、西欧キリスト教文明の場合を考えてみよう。

西欧社会にも、王がいる。正統な王の観念があり、人びとは王に服従する。そして、王は複数いる。

日本ともっとも異なるのは、王のほかに、教会があることだ。教会は、イエス・キリストに従う人びとの集まりである。王と教会は、原則として無関係である。人びとは、教会のメンバーであり、同時に、王に服従する。

では、王とイエス・キリストでは、どちらが上か。イエス・キリストが上である。王とイエス・キリストが矛盾する場合は、イエス・キリストに無条件に従わなければならない。

＊

これでは王は、相対化されてしまうではないか。王はどのように、臣下の服従を調達するのか。

第一に、王も教会のメンバーである。王も、イエス・キリストに従っている。

第二に、王を王に任命したのは、イエス・キリストである、と考えることになっている。実際に、任命の手続きは存在しないが、代わりに教会が、王の戴冠（即位）を承認する。

第三に、王は教会の保護者である。王は人びとの信仰を擁護する。

これだけの手順を踏み、王と教会の矛盾を取り除く。それでやっと、教会のメンバーに、王に服従するよう強いることができるのだ。

＊

尊皇論と比べてみると、違いが明らかになる。

キリスト教文明では、王に服従するのは、神（イエス・キリスト）の命令だから。王と友達だから、血が繋がっているから、ではない。王と感情の交流があってもよいが、なくてもかまわない。

神の命令で、王は統治を行なう、という考え方を、王権神授説という。

王権神授説でなければ、統治契約を結んで、王が統治する。統治契約は、統治される人民が結ぶ契約である。この場合には、人民が合意したので統治する、というかたちになる。なにかの事情で人民が合意を取り消せば、王は当然、王でなくなる。

＊

天皇が統治権をもつのは、このいずれでもない。

アマテラスが神勅を下して、天皇が日本を統治することになった。神勅は、アマテラスとニニギノミコト（及び、その子孫である天皇）との間の約束であって、統治される人民は関係ない。同意もしていない。そして、天皇と人民は、血がつながっている。人民も、神々から生まれたからである。

イスラムの王

西欧キリスト教文明の王は、イエス・キリストの命令に従っている。そのことで、普遍的な原理とつながっている。イエス・キリストは、人類を救う存在で、人類すべてのことを考えているからである。

王は、あちこちに何人もいる。ローカルな存在である。けれども、ローカルなだけの存在では、王ではない。神の普遍性／王のローカルな特殊性、が結びついて、王の統治が成立していることに、注意しよう。

では、イスラム世界にいる王は、どういう特徴があるだろうか。

＊

イスラム世界には、イエス・キリストがいない。教会が存在しない。教会が、王の統治を正当化することができない。(王権神授説も、当然、あるはずがない。)

では、王の統治が正統であると、どうやって証明するのか。

イスラム世界で唯一合意がえられているのは、ムハンマド(神の使徒)の正統な後継者。ムハンマドは、預言者の権威をもって、信徒の集団を統治した。ムハンマドの亡きあと、正当に選出された後継者（カリフ、または、イマーム）は、正当な統治者である。「正当に選出」とはどういう手続きによるのか、またどの系統が正当なのか、をめぐって議論がわかれる。いずれにせよ、歴史の過程で、「正統な後継者」の系譜が途絶えてしまったことにも、人びとの合意がある。つまり、イスラム世界には、正当な統治者（王）は存在しない。

＊

けれども実際には、王がいる。現に王が、無法者から社会を守り、人びとの幸福を増進する責任をもって、統治を行なっている。王が統治を行なうことは、必要なことでもある。

イスラム世界では、王は、つぎのように統治を行なうことになっている。

・王は、イスラム教徒である。
・王は、イスラム法に従って統治を行なう。
・王は、イスラム法学者の意見に従って、統治を行なう。

統治をこのように行なって、それがうまく行っている限り、人びとはその王に服従する。しかし、統治がいったんうまく行かなくなった場合には、人びとは、王を「背教者」だとして、打倒してよい。

まとめよう。イスラムの王は、神（アッラー）に命じられて、統治を行なっているわけではない。王権神授説のような考え方は、成り立たない。また、何らかの契約にもとづいて、統治を行なっているわけでもない。

このようなイスラムの王は、そのあり方が、天皇の場合とまるで異なっていることがわかるだろう。

イスラムの王が、各地にローカルに所在しているとしても、普遍性（イスラム法）の承認する範囲でだけ、統治を行なっていることに注意しよう。

インドの王

では、インドの王についてては、どうだろうか。

ヒンドゥー教は、人びとを生まれつきによって、四つのカテゴリー（ヴァルナ、種姓）に分ける。バラモン／クシャトリヤ／ヴァイシャ／シュードラ、の四つである。王となるのはこのうち、クシャトリヤに属する人びとである。政治・軍事は、クシャトリヤの仕事だ。

さて、ヒンドゥー教によれば、この宇宙には永遠不変の真理がそなわっている。その真理に接近するには、瞑想によって真理と一体化しなければならない。それが許されているのは最高位のバラモンの人びとである。王は、いくら統治者であってもクシャトリヤだから、バラモンよりも劣位だとされている。

人びとは、この真理に従う。インドの神々も、この真理に従う。王が統治者であるのは、神の命令によるのでも、契約によるのでもなく、宇宙の真理の定めるところによる。

そうであるなら、統治者である王も、また神々も、宇宙の真理に従っている。人びとは、永遠の真理に従うことを通じて、王に服従している。真理と、神々と、王と、人びとは、このようにバラバラである。こうしたインドの王のあり方もまた、天皇のあり方とはまるで違っている。インドの王もまた、普遍性（宇宙の真理）のもとで、統治を行なっている点に、注意しよう。

中国の皇帝

中国の皇帝はどうか。

よく知られているように、中国の皇帝は、

・天命（天の命令）を受けて、天下を統治する。

・徳（統治者としての資質）によって、統治する。

・徳を失えば、天命がほかの誰かに下り、皇帝は打倒されて王朝は断絶する。

のようである。皇帝は、一人では統治できないので、臣下（官僚）の助けを借りる。

「天」の観念が、中国独特である。

天は、神ではない。人格がない。生き物ではない。しかし意思をそなえている。皇帝は天を祀る。天を祀ることができるのは、皇帝だけである。天を祀ることで、皇帝は天との繋がりと、統治の正統性とを、人びとに見せつける。

こうした皇帝の統治の原則を示すのが、儒学の古典（五経、あるいは、六経）である。この原則は、歴史の先例によって示され、慣例となる。

中国の皇帝のあり方は、日本の天皇の場合と、やはり異なっている点に注意しよう。皇帝は、天から、天命を与えられる。天は、生き物ではないので、地上の統治者の誰とも、血縁関係がない。皇帝が天を祀るのは、祖先を祀るのではない。天と皇帝の結びつきは、血のつながりではないから、やがて切れる。皇帝の系譜は永続しない。

天下（皇帝の統治する範囲）は、多言語多文化多民族で、十分に多様である。皇帝の統治は、その全体を覆う普遍性をそなえていなければならない点に、注意しよう。

＊

皇帝は、辺境の異民族に、それぞれの王がいることを承認する。王の称号を与え、金印などを与える。皇帝からみて王は、ローカルである。と言うことは、皇帝からみて天皇も、ローカルである。各地の王は、中国の皇帝（が代表する普遍性）と接続することで、正統なローカルの王権となる。

皇国主義の特異性

さて、以上のように、世界の君主のあり方と比較すると、日本の天皇の特徴、特に、幕末から唱えられ、『國體の本義』に結実する皇国主義の特異性が、際立ってみえてくる。

＊

皇国主義の特徴をまとめると、以下のようである。

（1）ローカルである。

天皇は、外国から切り離された、日本だけの存在である。

天皇は、アマテラスの子孫である。アマテラスは、豊葦原瑞穂国（日本列島）をうみ、そこに住む人びとをうんだ。アマテラスは、神勅（命令）を下し、孫のニニギノミコト（と、その子孫である神武天皇以下の歴代天皇）に、日本列島を統治するように命じた。このストーリーは、日本の神と日本列島と日本の統治者にだけ関係し、外部の世界に関係しない。外部の世界についての言及もない。よって、ローカル（特殊）である。

（古事記・日本書紀に書いてある神話は、当時、口承伝承で伝わっていた数ある氏族の神話のなかの、アマ氏族のものにすぎなかったかもしれない。けれども、ほかの神話は失われるか、あるいはこの神話のなかに組み込まれて伝わっているのだから、これが「日本」の神話だとみなされるようになった。「日本」の観念も、ずっとのちに成立し、過去に投影された。それを踏まえて、ここでは簡単のため、日本神話、日本列島、などとよんでおく。）

＊

（2）ナショナリズムである

天皇には、日本の人びと全員が服従する。

天皇は、中国から律令制を取り入れることで、日本の領域の支配権と、日本の人民を統治する権限を獲得した。公地公民である。これは、法律（紙の上）だけのことだったから、実態は違っていたろう。この法制度は、後にそれがほぼ痕跡しかとどめなくなってから、かえってその昔は理想的に実現していたと信じられるようになった。

本居宣長の『古事記伝』が、上代に天皇の統治が行なわれていたと「証明」したので、この信念はなお強められた。

幕末の尊皇思想は、こうした信念をふくらませ、ほんとうの「主君」は天皇である、と主張した。朱子学が「忠孝一如」を説いた、論理的帰結である。上代にも、律令制下でも、身分はなかった。江戸時代の士農工商の身分に関係なく、日本のすべての人びとの主君が、天皇であるという主張だ。この主張は、人びとを、身分やイエの束縛から解き放ち、ひとつの団体（日本人）であるわれわれ、をつくりだす効果があった。

天皇は、日本人を、ネイションへと形成する作用があった。

強力な国営の運動

皇国主義の特徴はまだある。

（3）強力である

天皇を現人神として崇拝する皇国主義は、「強力」である。

強力である、とは、それに反対したり相対化したりする要因を、みつけることができないということである。

中国の皇帝に対する服従（忠）は、親に対する服従（孝）によって、また天によって、相対化された。西欧の君主に対する服従は、神によって、また教会によって相対化された。イスラムの王に対する服従は、神によって、またイスラム法によって相対化された。インドの王に対する服従は、真理によって、またバラモンによって相対化された。総じてこれらの文明は、人間（である王）に無条件に従ってはならない、というルールを内蔵している。

日本には、これにあたる観念や組織がない。仏教も儒教も神道も、皇国主義に抗えない。科学や合理主義や法律も、皇国主義に抗えない。家族や共同体も、皇国主義に抗えない。天皇への服従に抗い相対化するものがなければ、天皇は、強力で、絶対的なものになる。これは、世界に類例のない仕組みである。

＊

（4）国営である

皇国主義は、国家神道で、国営である。

国家神道は、英国国教会と異なる。また、公定教会とも異なる。

日本国憲法は、「政教分離」を謳っている。そこで日本人は、政教分離を、近代の確立したルールだと思いすぎているふしがある。けれども、キリスト教圏でも公定教会といって、政府や自治体が税を集め特定の教会をサポートする仕組みは、少なくない（少なくなかった）。

英国国教会は、教会としての実態がある。もともとカトリック教会だったものを、国王が独立させた。信徒と教会の建物と聖職者がいる。教義も後からできた。国王は、国教会の首長だが、名目的なオーナーのようなもの。教会は、イエス・キリストのためにあるので、王朝のためにあるものではない。王朝の存続とは無関係である。

国家神道は、国営である。税金で運営し、独自の資金源をもたない。靖国神社や護国神社が造られたが、国有財産であって、独自の資産をもたない。専任の祭祀職員がおらず、独自の教団組織をもたない。独自の教義をもたない。『國體の本義』は、政府（文部省）の刊行物であるが、教義に関するほぼ唯一の重要な書物である。（逆に言えば、教義がなくても、法令と慣習によって、成立できていた。）

皇国主義は明治政府ができるまで、民間の思想運動だった。儒者や国学者が、あるべき皇国主義について、議論を交わしていた。明治政府は、復古を号令し、皇国主義を採用した。国営となり、国家神道となった。国家神道の実質は、皇国主義なのである。

立憲と親政

皇国主義の特徴はまだある。

（5）立憲政体と両立する

皇国主義の中心に、天皇がいる。天皇は、明治の初期には専制君主で、帝国憲法制定ののちに立憲君主になった。天皇が立憲政体の君主であることと、皇国主義（天皇が現人神であること）とは両立する。

立憲政体は、君主の権力を憲法ならびに法令によって、合理的に編成しようとする考えである。専制君主制と対立する。その思想は当然、君主機関説でなければならない。

皇国主義は、天皇親政説を本質とする。天皇親政説と天皇機関説は、矛盾する。皇国主義はこれを、どのように乗り越えるか。

皇国主義は、天皇親政説を振りかざし、天皇機関説を排撃する。憲法論ではなく、広汎な国民感情に訴える。国体明徴運動（つまり、政治的圧力）だ。ところが、皇国主義は、帝国憲法そのものを攻撃しない。憲法をやめ専制君主制に戻ることを主張しない。そのかわり、憲法の条文を天皇親政説に従って、読み替える。読み替えることによって、立憲政体と、共存しようとはかる。（裏返しに言えば、人びとは、憲法によって皇国主義に抗うことができなくなる。）

歴史をはるかにさかのぼる宗教的な心情が、近代の立憲政体と共存するのは、奇妙なことである。類例がないと言ってもよい。日本の近代は、このように存在した。

＊

最後に、もうひとつ、皇国主義の特徴をあげておこう。

（６）非公式である

皇国主義は、独断的な信念である。「独断的」とは、根拠がなく、反論を許さないことである。けれども、独断を書き留めた文書（ニケア信条やアタナシウス信条にあたるもの）がない。それを支える、専門家の集団もない。教義の組織もない。

マルクス主義も、独断的な信念である。そして、その主張を書き留めた基本的な書物がある。その解説がある。マルクス主義を推進するために、共産党がある。マルクス主義理論の研究も進めている。独断を客観的に組織している。

皇国主義や国家神道には、マルクス主義やキリスト教の場合のような、公的な組織が存在しない。代わりに、政府がそれを担当する。『國體の本義』を文部省が刊行しているのは、そのためである。政府は、行政を本務とする官僚組織だから、本来このような仕事にはそぐわない。そこで、政府職員ではない人びとが、政府に委嘱され、非公式にその仕事を担うことになる。

天皇親政は、組織的にのべられた信念というよりも、人びとのあいだにわけ持たれる感覚である。皇国主義はそうして、空気のように、非公式であるのだ。

防衛反応

皇国主義は、以上のべたような特徴をもつ。

では、『國體の本義』に典型的にあらわれたような皇国主義は、つまるところ、どういう運動なのだろうか。

*

それはまず、ナショナリズムである。日本の人びとを、ネイション（われわれ日本）として団結させる効果があった。ネイションの形成は、一般に、簡単でない。皇国主義は、それをやりおおせた。

ネイションは、過去（歴史）を共有する人びと、である。だが、過去は拡散しており、歴史は錯綜している。そこにひとつのストーリーを切り出す、情熱が基幹になる。

そのひとつが、ロマン主義の情熱である。ロマン主義は、神話と歴史を接続させる情熱、と定義できるだろう。神話は、可塑性のある観念だ。だからストーリーの原点を与えるのに都合がよい。

皇国主義が依拠する記紀神話は、何度か打ち直された、使い古された素材かもしれない。けれども明治近代に立ち上がったナショナリズムは、その素材に新たな生命を吹き込んだ。日本の近代化と国民の形成に流れ下る、ひとつのストーリーに結実した。

尊皇思想は、幕末に沸き起こったロマン主義の情熱である。皇国主義はそれを、ナショナリズムに成型した。欧米列強の脅威に直面した人びとは、ネイションとして団結する、ナショナリズムを必要とした。

＊

それはまた、普遍性を特殊性に濾過する、スクリーン（遮蔽幕）である。

なぜそんなスクリーンが必要か。

弱者が身を守るため、自己防衛のためである。

国際社会は、欧米列強の角逐の場である。そこに割り込み、一定の場所を占めたい。存在を認められたい。そこで、矛盾した要求がうまれる。いっぽうでは、同時代の世界標準に合わせたい。産業・科学技術を発展させ、軍備をそなえ、物資や情報の交流を行なって、対等な近代国家としての内実を整えたい。普遍主義に立脚しないと、こうした活動は不可能である。だが、もういっぽうでは、日本の独自性を守りたい。伝統や文化を失いたくない。世界のなかで置き換え不可能な、特色ある集団として尊敬をえたい。日本の特殊性を思い切り肯定しないと、こうした主張は不可能である。

普遍主義に立脚しながら、特殊性を肯定する。こうした綱渡りのような芸当が、国家神道であり、皇国主義であると思う。

*

ではその「綱渡り」は、どうやって可能になるのか。普遍性と特殊性を、まず切り離すことだ。そして、あいだにスクリーンを立て、特殊性を損なわないかぎりで、普遍性を取り入れることだ。特殊性が主で、普遍性が従。だからそれは、普遍主義ではない。世界でただひとつの、ローカルなやり方である。

普遍主義を相手側に置き、自分たちを特殊性の側に置く。そして、普遍主義の側から、必要なアウトプットを取り入れる。このやり方の秘密が、天皇である。日本は、天皇をもつことで、例外的に、急速な近代化に成功したのである。

改宗する天皇

非西欧世界の多くの地域や民族が、こうした対応をとることができずに、近代化に困難を抱えることになった。さまざまな理由がある。ひとつの理由は、そうした人びとがイスラム教など、西欧と異なる普遍性に属していて、普遍性と特殊性を隔てるスクリーンを立てることができず、自らの特殊性を基盤にネイションを形成できなかったからである。

こう考えてみると、天皇は、普遍性と特殊性を媒介する、絶好の社会装置であった。天皇にそうした機能を担わせた、皇国主義は、世界的にみても興味ぶかい近代化の事例である。

＊

考えてみれば天皇が、こうした社会装置として機能したのは、今回が初めてではない。

大化の改新から律令制の採用へと進む、古代国家・日本の建設の時期に、天皇が中国化への舵を切った。先進的な中国文明を取り入れるため、天皇がまず率先して中国文明の信奉者になった。これは、文明の周辺地域で、しばしば起こることである。ゲルマンの部族の首長が部族をあげてキリスト教に改宗した。蛮族の王が中国の皇帝に帰順した。類似の例は、枚挙にいとまがない。天皇が、普遍主義に改宗する。だかその天皇自身は、神話を背負い、歴史を背負い、伝統を背負い、日本の特殊性を体現している。特殊性を体現する天皇が、普遍主義に改宗する。人びとはそれをみて、安心して、普遍性が自分たちのところに浸潤してくるのを、容認できるのである。

ネイション結集の核

天皇は、人びとが自己同一性（アイデンティティ）を脅かされているのに、脅かされていないと感じる仕組みである。

言い換えよう。天皇がいれば、自己同一性の大幅な入れ換えや変容を、はかることができる。この点、天皇は大変に有用である。こうして日本は、これまでいくたびも、重大な試練を乗り切ってきた。

＊

幕末に尊皇思想を奉じた人びとは、日本がこれから、激烈な変化のただなかに放り込まれることを直感していた。その変化は、不可避であって、これまで社会や文化を安定させていた多くのものが取り去られる。日本の人びとは、それを乗り越えるだけの普遍的な原理を、もともと持っていない。儒教はいまや、中国ローカルな原理にすぎない。阿片戦争で清国が敗れたあと、無効であるのは明らかだ。仏教は、普遍的な原理に違いなかったが、西欧列強に対抗するものとしてはまったく役に立たない。そうしたなか、手探りで探り当てられたのが、天皇だ。人びとはそこに、欧米の文明と対抗するために、オール・ジャパンとして結集する、ネイションの形成の可能性を直感した。

＊

天皇が、西欧文明の普遍主義に改宗する。開国と文明開化が、この改宗の名前だ。

攘夷はどこに行ったのか。

攘夷は、欧米列強に対する恐れである。自分たちの同一性が脅かされることに対する恐怖である。改宗した天皇は、言う。恐れるな。欧米列強は、鬼でも魔物でもない。これから大事なパートナーになる国々だ。彼らは、よいものをいっぱい持っている。それを取り入れなさい。きっと人びとの生活向上と、幸福の増進に役立つだろう。それにはわれわれも、努力しなければならない。変化を恐れてはならない。時代に遅れてはならない。そして、自信を持たなければならない。われわれは、世界でただひとつの民族、最古の国家のひとつだ。その歴史と伝統を体現するのが、私である。私があるかぎり、そしてあなたがたが、私を信じてついて来てくれるかぎり、心配はいらない。素晴らしい未来が待っているのだ、と。

攘夷は、尊皇に吸収された。そして、国際社会のなかで自己を主張する、皇国主義に姿を変えて行ったのだ。

国体は守られたのか

文明開化という名の、西欧化・近代化が急ピッチで進んだ。めまぐるしい変化があり、人びとの思考と行動は一変した。なにより、日本語が変わった。翻訳文体を基本に、西欧諸国の国語に対応する、書記言語と口頭言語のセットができたのだ。

その新しい言語によって、日本の固有性が繰り返し確認される。帝国憲法のときにも。その解釈が西欧的な文脈に置かれたことへの反動である、国体明徴運動のときにも。

＊

天皇親政と国体は、日本が、西欧化・近代化を進めても、自己同一性が失われていないことを確信するための、おまじないのようなものだった。その内実をのべようとすると、人びとの信念のような、あいまいなものになってしまう。しかし、あいまいではあっても、人びとはそこに、国体という言葉に、固着し続ける。国体という言葉すらなくなってしまえば、この国の自己同一性が、どこで担保されているのか、確証できなくなってしまうから。

＊

自己同一性が与えられていると信じるとき、人びとのパフォーマンスは大きくなる。自我が拡大し、自分のための留保を減らして犠牲を払っても、報われるように思うからである。その同一性を保証するのが、天皇である。天皇は、現人神で、あらゆる場に遍在する。電通や博報堂が束になっても敵《かな》わないほどに、人びとの意欲と心情を動員できる。

＊

しかしその総動員の極で、日本は敗戦を迎える。

敗戦を決める最高戦争指導会議（御前会議）で、最後まで議論になったのは、降伏したのち「国体が守られるかどうか」であった。連合国の回答は、ざっくり言えば、それは戦後になって日本人が決めろ、だった。国体を、守らないとは言わないが、守るとも言わない。そして、日本は降伏した。

では、国体はどこに行ったのか。『國體の本義』があれほど真剣に議論した国体は、守られたのか、守られなかったのか。いや、そもそも戦後の日本人は、国体について関心があるのだろうか。

戦後の国体を、つぎに考えてみたい。

2・3 アメリカ大権

総力戦に敗北し、無条件降伏した。日本は、連合国軍が保障占領するところとなり、独立を喪失し、天皇は連合国軍最高司令官（マッカーサー）に従属することになった。

では、国体はどうなったのか。占領は、一時的な状態だから、勘定に入らないのか。この点をはっきり突き詰めた議論を、あまり聞かない。（その数少ない例外として、白井聡『国体論』がある。同書に敬意を表しつつも、本書は異なった角度から戦後日本の国体を考えていく。）

＊

このことを考えるため、「アメリカ大権」という概念を導入する。

天皇の大権

まず、大権について。

「大権」は、統治権をもつ君主が本来そなえている権限、のことであった。天皇も、大権をそなえている。天皇の大権については、帝国憲法にも言及がある。

＊

帝国憲法と大権の関係はどうなっているか。

天皇は、大権によって、帝国憲法を制定した。憲法なしに大権によって、統治をし続けてもよかった。しかし、統治のメカニズムを可視的にし、しかるべき人びとが法令に従って国家のために働けるように、憲法を定めた。憲法は、天皇と国民のあいだの契約、ではない。

帝国憲法の本質は、天皇の自己誓約である。天皇は、憲法に従うが、それは自らが自らに従うという意味である。すなわち、

大権　⇩　帝国憲法

である。

帝国憲法は、天皇から国民への恩恵（プレゼント）である。

＊

憲法のもとで、天皇は大権を喪失するのか。

憲法はたしかに、天皇を拘束する。天皇は、帝国憲法によって、できないと決められていること

とがある。こうした側面を取り出すなら、

帝国憲法　⇩　天皇（国家機関）

である。これは正しい。

では、天皇の存在は残らず、国家機関に還元される（すなわち、大権をもはやそなえていない）のか。帝国憲法には、緊急勅令のような、国家緊急権にあたる規定がある。大権を行使できる、という憲法上の規定である。加えて、かりにこうした規定がなかろうと、超憲法的な国家緊急権（大権）を行使できる、と考える余地がある。

結論として、帝国憲法のもとでも、天皇は、大権をなくさない、と考えてよい。

なおこれは、天皇親政説（すなわち、帝国憲法の規定がどうあろうと、すべては天皇の直接統治の発現である、とする考え）に限られる考え方ではないので、注意しておきたい。

＊

このように考えられるので、天皇は、一九四五年の降伏の時点で、大権をそなえ、また主権（憲法の定める国家主権）をもっていた、と考えられる。

大権をしのぐ権限

さて、降伏によって、天皇は、「連合国軍最高司令官に従属」することになった。

これは、ポツダム宣言を受諾する際の、照会電報に対する連合国の回答にもとづく。この回答は、条約としての効力をもつ。

連合国軍最高司令官に、天皇は従属する。ならば、連合国軍最高司令官の権限は、天皇の大権のさらに上位にあることになる。これをやはり、大権と呼ぶことが適当であろう。

＊

日本の占領と戦後改革は、連合国の看板を掲げていたが、実際はアメリカが実施した。占領下の日本は、帝国憲法があり、法令があり、日本政府が行政を担当したままであった。連合国軍最高司令官は、帝国憲法や法令の頭越しに、超憲法的、超法令的な「指令」を発することができた。これは、大権に匹敵する権限、いや、大権そのものである。

連合国軍最高司令官は、帝国憲法の改正を命じた。日本側のつくった草案を、不適当であると斥け、部下に日本国憲法の新しい草案を英語で作らせた。これがほぼそのまま、現行の日本国憲法になったことは、よく知られている。

ここから明らかなのは、連合国軍最高司令官は、憲法制定権力でもあったことだ。

連合国軍最高司令官（＝アメリカ大権＝憲法制定権力）　⇩　日本国憲法

だがこのことは、あいまいなモヤに包まれている。日本国憲法は、帝国憲法の改正憲法であり、帝国憲法の改正手続きによって帝国議会で審議され、可決されたからだ。日本国憲法の正統性は、帝国憲法から切れ目なくつながっている。（そして、それには違いがない。）

このプロセスが、合法的で効力があるから、帝国憲法が改正されて、日本国憲法となったのではある。しかし日本は占領下であり、この改正はアメリカ大権の命令によって行なわれたのであり、新憲法の草案さえアメリカ大権が作成したのである。法制度論上、憲法論上、この事態をどのように説明したらよいか。教科書に、はっきり説明してあるのを見たことがない。しかし、こう言うのが正しい。

「日本国憲法は、アメリカ大権が、超法規的に、制定した。」

これは、唯一の正しい言い方である。ごまかしてはならない。

＊

日本国憲法を制定したのは、アメリカ大権だ。この明白な事実を、ものを考える前提に組み込むと、どうなるか。

なぜ護憲

その前に、そもそもその事実を、まったく見ずに無視する人びとのことを、考えよう。

まず、口を開けば「憲法を守れ」と言う人びと。護憲派である。けれども、護憲派でなくても、ふつうに学校で憲法のことを習えば、占領についても連合国軍最高司令官についても話題にならないし、憲法草案がアメリカ製であることも触れられない。国民が主権者になりました。基本的人権が保障されました。平和主義の九条が盛り込まれました。よかったですね、である。

日本国憲法には、よいことがいろいろ書いてある。そのことと、それを自分たちが制定したかどうかという問題とは、別である。自分が制定したのでなければ、どんなによいことが書いてあっても、自慢にはならない。

＊

別であると、言ってすまされない問題もある。「国民が主権者になりました。」主権者になったのだから、その前は主権者ではなかった。では、誰が主権者であったのか。

帝国憲法によれば、天皇である。主権者とは、その決定が最終的で、ほかの何者によってもその決定が覆されないことをいう。

天皇は、連合国軍最高司令官に「従属」した。それなら天皇は、憲法改正を進めている時点で、すでに主権者でないことになる。国民が、憲法改正によって、新しく主権者になろうにも、前の主権者が、主権者ではなかった。ならば、国民は、新しい主権者になれるだろうか。国民が主権者であるかどうかは、憲法を制定する状況と、無関係ではないのだ。

＊

占領の事実を無視し、アメリカ大権を無視すれば、整合的な議論ができる。帝国憲法を改正して、国民主権になりました。文句ありますか、おしまい。

だが、アメリカ大権が存在するのは、事実である。連合国軍最高司令官に拒否権があったのだから、日本側には主権が存在しない。サンフランシスコ講和条約の時点まで主権が存在しなかったのは、国際法のイロハである。ならば、国民は主権者ではない。いくら日本国憲法の条文に、

「国民は主権者です」と書いてあっても。すると、国民は主権者だという議論と整合しない。

護憲派の人びとは、いまの憲法はよい内容だから、変えるべきでない。変えれば改悪になるに決まっているので、改憲はよくない、と主張する。どこがよい内容かというと、国民主権と、基本的人権と、憲法9条。憲法ができたその瞬間から、国民が主権者でないと、「よい内容だ」の言い分が成り立たない。どうしてもアメリカ大権から、目を背けたくなるのである。

日本国憲法は、よい内容が多いのだから、護憲を主張するのも悪くない。ただし、アメリカ大権をしっかり見つめてからにしてもらいたい。

親政との類似

日本が敗戦を迎えたあと印象的なのは、日本の人びとが、敗戦と連合国軍による占領とをしっかり受け入れたということである。

世界のさまざまな地域で、戦争に敗れたあと、混乱が長引く例が多いのをみると、このことはなおさら印象的だ。

なぜ、敗戦が受け入れられたのか。天皇がみずから、ポツダム宣言を受諾したと、敗戦を命じ、国民に伝えたことも大きい。皇国主義からすれば、天皇の命令に無条件に従うことは義務である。だから、敗戦を受け入れた。

しかしそれ以上に、もっと積極的に、人びとは連合国軍の占領に進んで協力している。

思うにそれは、連合国軍の占領統治が、天皇親政に似ていたからではないだろうか。

＊

日本は、天皇大権の国であった。帝国憲法や法令を超えて、人びとの活動や社会的ことがらの隅々にまで、天皇の意思が及び、天皇の恩恵が行き渡っていると、人びとは教えられ、信じた。天皇親政である。法令や社会制度を超えた、最高権力者の意思が及んでいると考えるのが、親政の観念である。

この考えは、類例がないわけではない。キリスト教では、神（Ｇｏｄ）の意思はすべての出来事に及んでおり、この世界は聖霊に満ちているのだった。天皇親政の感覚は、このキリスト教徒の感覚に近い。

それはさて置き、天皇親政の観念が行き渡っているところで行なわれた、連合国軍の占領と統治は、どういう効果を持ったか。

＊

連合国軍の統治は、間接統治であった。帝国憲法（と、その改正である日本国憲法）は機能し、そのもとで日本国政府と法令が機能しつつ、その上に超憲法的な、連合国軍最高司令官の権限（アメリカ大権）があった。連合国軍最高司令官は日本社会の動きをモニターし、いつでも、法令を超えて指令を発し、直接介入することができた。たとえば、一九四七年二月一日に予定されていたゼネスト（二・一ゼネスト）の中止を命じた、など。

天皇の大権は、帝国憲法のもとでは、実際に発動されることはなかった。二・二六事件の将校らの頭のなかで、大権が発動されるだろうと想像されたにすぎない。天皇大権は、超法規的なものであっても、想像的なものにすぎなかった。

それに比べれば、連合国軍最高司令官の権力は、現実的で実質的なものだった。天皇親政以上の、親政だったと言ってよいだろう。ある意味、天皇親政が「完成」されたのである。日本の人びとは、想像のなかでしかなかった親政が、現実に存在しうることを感覚し、受け入れた。

*

このように考えるなら、連合国軍による日本の占領と統治と、戦後改革が成功したのは、日本が天皇大権の国であり、天皇親政の観念になじんでいたからだ、と言うことができる。アメリカによる日本占領は、明治以来の国体の枠のなかで、行なわれたのだ。

独立とアメリカ大権

では、日本国の独立は、独立だったのか。

もちろんそれは、独立であり、主権の回復であった。占領は終了し、日本国はアメリカから切り離され、独立国となった。

だが、そう言ってすまされない事情も、つきまとっている。サンフランシスコ講和条約後の、アメリカ大権について考えよう。

＊

サンフランシスコ講和条約は、日本の降伏と連合国軍による占領が正当で、ポツダム宣言や降伏条約ほかの協定が有効で、講和条約発効後も、戦後改革や、東京国際軍事法廷などの判決が覆されてはならない、と定めている。要するに、アメリカ大権は有効だったと認めなさい、ということである。

当然、日本は、それを認めた。認めなければ、独立はできない。

アメリカ大権が有効だった、とは、サンフランシスコ講和条約が意味するところである。しかし、日本国憲法には、書いてない。日本国憲法の条文を、教室で習うだけでは、アメリカ大権の存在はみえてこない。

日本は保護国

もうひとつ、大事なポイントは、サンフランシスコ講和条約と同時に結ばれた、日米安保条約である。

日米安保条約は、独立の条件であるとして、アメリカが日本政府に示したものだ。条約を結ぶ以外に、選択の余地はなかった。有無を言わせず、結ばせたと言ってよい。

その含意は、明らかであろう。憲法九条は、日本は軍を持たず、丸腰であると規定している。占領下にあれば、連合国軍（アメリカ軍）が日本を防衛しているから、これで問題なかった。日本国憲法は、そのままで機能した。連合国（アメリカ）が占領を解除すれば、権力の空白が生まれる。それを、もちろん放置することはできない。アメリカ大権が、その空白を埋める。文句あるか、である。

アメリカ大権下にある日本は、文句あるか、と言われて、文句ありません、と言うしかない。文句ありません、と日米安保条約を結べば、アメリカ大権がひき続き、独立後も、日本を拘束する状態が続く。簡単に言えば、「日本は、アメリカの保護国です」である。

*

日本国憲法と日米安保条約を、別々に眺めていると、この構造はわかりにくい。そこで、別々に切り離せると思ってしまう。日本国憲法には、よいことが書いてある。日米安保条約には、よいことが書いてない。そこで、日米安保条約のほうはやめよう。「安保反対」である。

だが、日本国憲法と日米安保条約は、切り離せない。両者を、アメリカ大権が結びつけている。占領は、アメリカ大権を直接に行使することだった。日米安保条約は、それを、日本の独立と両立させるように置き換えた。アメリカ大権を間接的に行使するかたちである。

*

連合国軍の日本占領は、天皇大権（国体）がかたちを変えたものだった。それなら、日米安保条約は、それがさらにかたちを変えたものである。

国体が、かたちを変えて、いまも生きていると言う議論には、だから根拠がある。

主権と条約

日本国憲法と日米安保条約の関係について、もう少しのべよう。

主権者である国民は、政府に憲法を守らせる。政府の権力から、憲法によって守られる。主権を行使して、憲法を改正することもできる。要するに、国民＞日本国憲法、である。

これに対して、条約は異なる。条約は、政府と政府が結ぶので、政府を拘束するようにみえるが、実際には、国民と国民が結ぶ。批准は、政府が結んだ条約を、国民のものとする手続きである。いったん結んだ条約は、政権が変わろうと、憲法が変わろうと、革命が起こってさえ、国民を拘束する。この意味で、その国を拘束する力は、憲法より強い。条約は、もうひとつの憲法、と言われる所以である。

＊

このように考えるなら、戦後日本の骨格を与えるのは、日本国憲法（だけ）ではない。サンフランシスコ講和条約。そして、日米安保条約も、骨格を与えている。

条約はもちろん、改定できる。日米安保条約も、一九六〇年に改定された。改定には、相手国の同意が必要である。相手国が同意しない場合には、条約に拘束され続ける。

明治政府が、条約改正を最優先の課題として努力し続けたのは、前政権である幕府が結んだ条約が、日本を拘束することを正しく理解していたからである。関税自主権の放棄を定めた不平等条約は、努力の結果、改定できた。日米安保条約も改定されて、より対等なかたちに近づいた。

けれども、サンフランシスコ講和条約を、改定することは考えられない。関係する連合国は多い。そして、戦勝国は、改定や廃棄に、決して同意しないだろう。この講和条約は、戦後の国際秩序そのものなのである。この条約を廃棄することは、即、戦争につながる。

日本国民は、主権があっても、講和条約に縛られる。それを破棄することはできない。条約は、主権を縛るものなのである。

このように講和条約は、憲法を上回る、拘束力をもつ。このことを、よく理解しなければならない。

自主憲法制定

日本国憲法が、アメリカ大権によって「押しつけられた」ものであることを、問題にする人びともいる。

この憲法が、押しつけられたものであることは、明らかである。日本国憲法の内容がすぐれていて、日本国民に都合がよいとしても、押しつけられたという事実が消えてなくなるわけではない。

自民党は、結党時から、憲法改正を掲げていた。安倍政権が、改憲を目標にしているのもこの流れを汲む。

＊

日米安保条約を改定したのは、岸信介《きしのぶすけ》政権である。岸信介は、安倍首相の祖父である。岸信介は、自主憲法制定の運動に熱心だった。日本国憲法が、アメリカ大権によって押しつけられたものだと、ありありと認識していたからであろう。

独立を回復したあと、ほんとうに主権者となった日本国民が、自らの手で憲法を改正すれば、その憲法は、国民自身のものとなる。これが、自主憲法の考え方である。

占領下に「押しつけられ」た憲法を、後生大事に守っているよりまし、とも言える。アメリカ大権に目をつぶって見ないことにするより、見つめたほうがよい。

けれども、自主憲法制定の議論は、詰めが甘くないか。

日本国憲法を改正して、「自主憲法」を手に入れるとしても、アメリカ大権が消えてなくなるわけではない。アメリカ大権は、「超憲法的」なものだからだ。そのアメリカ大権を見つめ、正しく受け止めないで、問題を「自主憲法」に閉じ込めようとするのは、「護憲」と似たりよったりの、未熟なやり方ではないだろうか。

アメリカ親政

占領時代と違って、アメリカ大権は露骨に、直接行使されることはない。けれども、アメリカ人権が消えてなくなったわけではない。その本質は、覇権国であるアメリカが、同盟国や周辺国や従属国に、互いに独立国であるという法形式を超えて、影響力を行使することだからである。

占領時のアメリカ大権が、日米安保条約にかたちを変えて、戦後日本に働き続けていることをみた。アメリカの影響力は、日米安保条約の枠をはみ出して、あらゆる機会に、あたかも「行政指導」のように、日本に及んでいる。日本の憲法や法令がどうあろうと。

これは、天皇親政以上の、親政ではないのか。「アメリカ親政」と呼ばなくて、なんとしよう。

＊

アメリカは臨在する。アメリカは、日本に関心をもっている。おそらくアメリカは、日本を愛しているのだろう。――こういう根拠のない思い込みを、日本人は持っていると、しばしば指摘される。

この感覚は、アメリカ親政にともなう思い込みである。アメリカ親政は、天皇親政がかたちを変えたもの、天皇の大御心がかたちを変えたものだからだ。

国体は守られた

戦後日本は、天皇が降伏し、アメリカに服従し、アメリカ主義者になったところから始まった。天皇は、アマテラスと歴代天皇を、皇祖皇宗として祀り、あがめる。そのことを通じて、日本の人びとのあいだに、同一性と安定を与える。

その天皇がアメリカを、アマテラスのようにあがめる。アメリカは、アマテラスのようにパンテオンに加わった。こうして国体（日本が外の世界に対する場合のスタイル）が守られたのである。

＊

天皇が、アメリカと日本のあいだの、スクリーンになる。

アメリカがどのように日本に干渉しようと、圧力をかけようと、アメリカのどのような文物や制度や情報がもたらされようと、日本の同一性が保たれる。少なくとも、同一性が保たれると信じられる。天皇がいるから大丈夫、と。

＊

しかし、こんなまやかしに満足してはいけない。

アメリカ大権のはたらきを、正面からみつめること。安全保障やグローバル経済や、国際関係や、すべての現実をみとめ、踏まえたうえで、日本国の存在意義を見失わない。そういう知的な強靭さを、手放してはならない。

2・4　三島と吉本と国体と

ここまでの議論を踏まえて、二人の思想家に目を向けてみよう。三島由紀夫と吉本隆明である。この二人は、同学年である（三島は一九二五年一月生まれ、吉本は一九二四年一一月生まれ）。戦後の混乱期から、高度成長期にかけて、くっくりとした軌跡を残した。思想的な立場は、互いに正反対かもしれない。けれどもそこに、共通する、深い思想の動機をみてとることができる。

それはなにか。『國體の本義』とどう向き合うか。それを再生させるのか、それとも打ち倒すのか、という課題だ。

法学部の三島

三島由紀夫は、東大の法学部で学んだ。優秀な学生だった。

三島は、法律に適性を感じており、作家の道を選ばなければ、法律家としても十分にやって行けただろう。遺作となった『豊饒の海』では、三島の分身とも言える本多に、法学部学生↓判事↓弁護士、としての役柄を与えている。

三島が憲法について書いた文章は、正確で、簡潔で、美しい。彼の憲法理解が、専門家の基準から見ても十分な水準に達していたことを証明している。

*

三島は、帝国憲法も、日本国憲法も、丁寧に読解したろう。美濃部達吉の天皇機関説も、『國體の本義』の天皇親政説も、熟知していたはずだ。また、宮沢俊義の憲法概説本も、丸山眞男の八月革命説も、知っていたはずだ。無条件降伏も、連合軍による占領も、帝国議会での憲法改正の審議も、新憲法を歓迎する世論も、すべて同時代の出来事として経験し、その法学的な意味あいを、自分の頭で考えたはずだ。

遅れてしまった慚愧

三島も吉本も、教室で、『國體の本義』にもとづく皇国史観を吹き込まれ、皇民教育を施された世代である。吉本隆明は、より素直な軍国少年であったろうし、三島由紀夫は、より屈折した文学青年であったろう。けれども、二人とも、『國體の本義』にもとづく教育を、いちばん真正面から受けた世代である。

*

このことを考えるのに、重要な三島の作品は、「憂國」と「英霊の聲」である。

「憂國」（一九六一）は、二・二六事件に決起するはずだった将校が、新婚だという理由で置いて行かれ、逆に決起部隊の討伐を命じられたことから、妻と共に自決して果てる、という物語だ。無決起して死ぬわけでも、討伐命令に従って死ぬわけでもなく、自決はほとんど無意味である。無意味であるからこそ、自らを超えたもののために身命を捧げるという行為の崇高な充実感が、官能的にはち切れんばかりに高まる、という構造になっている。

決起に加わるはずが、肝腎なタイミングに遅れてしまったという、どうしようもない慚愧《ざんき》の念が、三島の深い心性と共振している。

三島は、何に遅れたのか。『國體の本義』が描いたような、天皇の親政する理想的な空間を、それが失われた戦後になって、取り戻せないと叫んでいるのである。

呪詛の声

「英霊の聲」(一九六六)は、もう少し筋立てが複雑である。

木村先生の主宰する降霊会で、川崎君を霊媒に、ふた通りの群れの霊が呼び出される。最初は、二・二六に決起した将校らの霊である。将校らは、天皇を奉じて維新のために決起したが、天皇に裏切られ、処刑された。第二の群れは、大東亜戦争で死んだ、特攻隊の隊員らの霊である。隊員らは、天皇が現人神として統治する日本の、永遠を信じて命を捧げた。そして見捨てられ、忘れられた。

死者たちの霊が繰り返すのは、ひとつのことである。

などてすめらぎは人間《ひと》となりたまひし

この呪詛の言葉が、「英霊の聲」の全体に反響している。

霊媒をつとめた川崎君が息を引きとると、その顔は、「何者かのあいまいな顔」(おそらく昭和天皇の顔)に変わっている。

＊

死者の霊は、なにを呪詛するのか。昭和天皇が、『國體の本義』の通りに行動しなかったことである。二・二六事件の際には、天皇機関説の通りに、近衛師団を自ら率いて叛乱部隊を討伐する、と側近に向かって決意を示した。叛乱部隊の将校らが、自決するので勅使をたまわりたいと言うと、勝手に死ねばよい、と突き放した。一九四六年一月にはいわゆる「人間宣言」を発して、天皇に従って身命を捧げたすべての戦死者を裏切った。この二つの出来事に際して、天皇が「神でなかった」ことを、死者の霊たちは告発する。

＊

三島由紀夫はのべる。《昭和の歴史においてただ二度だけ、陛下は神であらせられるべきだつた。何と云はうか、人間としての義務《つとめ》において、神であらせられるべきだつた。この二度だけは、陛下は人間であらせられるその深度のきはみにおいて、正に、神であらせられるべきだつた。それを二度とも陛下は逸したまうた。もつとも神であらせられるべき時に、人間にましましたのだ。》(「英霊の聲」『決定版 三島由紀夫全集20』新潮社、二〇〇二年、五一〇頁)

死者の霊たちの呪詛は、三島の呪詛なのである。

裏切りなのか

三島は、裏切りであると、昭和天皇を糾弾している。

だが、それは裏切りなのか。

そのなかみを探っていくと、「天皇のことを勝手に誤解していただけだった」ではないかとみえてくる。

二・二六の将校らは、昭和天皇を、「天皇親政説の描く通りに行動する、現人神」だと思った。だが実際には、「天皇機関説が想定する原則の通りに行動する、立憲君主」だった。昭和天皇はその原則の通りに、正しく行動した。二・二六の将校らが、皇国主義にもとづいて、勝手に誤解していただけである。将校のひとり、磯部《いそべ》浅一《あさいち》の獄中手記が残され、天皇への呪詛が書き連ねられている。三島もそれを読んでいる。

この呪詛の本質とは、裏切りの告発ではなくて、ストーカーの逆恨み、ではないか。

戦死の、ふたつの相

もうひとつの英霊。

特攻隊の隊員らは、天皇の命令に応じて、作戦命令に出撃し、戦死した。通常の作戦命令に従って命を落とした、大勢の将兵らの戦死と同じである。

ではなぜ三島は、とりわけ特攻隊の隊員らを取り上げるのだろうか。

＊

戦争に赴き、命を落とした人びとには、ふたつの相がある。

ひとつは、立憲政体の法令にもとづく相。帝国憲法には、兵役の義務が書かれている。統帥権は天皇がもつ、とも書かれている。戦争になれば当然、天皇が命じて、国民はそれに応える。戦場で命を落とすとしても、それは国民のつとめである。天皇も役割であるなら、国民も役割。ともに役割であるなら、それは人格的な関係でない。「天皇が呼びかけたので死にました」ではない。そうではなくて、法的な関係だ。天皇機関説の相である。

もうひとつは、天皇親政説にもとづく相。日本は、憲法のできるはるか以前から、現人神である天皇の治める国だった。法律の枠とは無関係に、天皇と人民とのあいだには、思い思われるつながりが息づいてきた。いまそのつながりにもとづいて、天皇は戦争を命じ、人びとはその呼びかけに応えた。そして命を落とした。天皇はそのことに対する責任がある。言うなれば、天皇親政説の相である。

＊

すべての将兵に、この二つの相があるとして、一般の兵士たちの場合、後者の相が純粋に現れているとは言えない。多くの人びとは、家族を置いて、心残りに思い、戦争の意味にも疑問をもち、不本意であっても、戦地に赴いただろう。信念に反して武器をとった、自由主義者や社会主義者や共産主義者も、いるかもしれない。現人神である天皇の呼びかけに応えて応召した、とまとめるのには無理がある。

だが、志願して特別攻撃隊に参加した若者の場合、前者の相は無視できるほどで、後者の相が濃厚である。そのことがわかったうえで、三島はあえて、特攻隊の隊員たちの霊だけを招いているのである。

「英霊の聲」は、この二つの相を巧みに隠し、後者だけをみせることで、話を単純化している。戦死者一般を特攻隊の隊員らに代表させ、特攻隊の隊員らを二・二六の将校らに重ね合わせることで、皇国主義の神学にもとづいて、天皇を糾弾しているのだ。

三島の美学

英霊たちは、すなわち三島由紀夫は、天皇の「人間宣言」を糾弾する。

三島はのべる。《昭和の歴史は敗戦によつて完全に前期後期に分けられたが、そこを連続して生きてきた私には、自分の連続性の根拠と、論理的一貫性の根拠を、どうしても探り出さなければならない欲求が生れてきてゐた。……(中略)……

そのとき、どうしても引つかかるのは、「象徴」として天皇を規定した新憲法よりも、天皇御自身の、この「人間宣言」であり、この疑問はおのづから、二・二六事件まで、一すぢの影を投げ、影を辿つて「英霊の聲」を書かずにはゐられない地点へ、私自身を追ひ込んだ。自ら「美学」と称するのも滑稽だが、私は私のエステティックを掘り下げるにつれ、その底に天皇制の岩盤がわだかまつてゐることを知らねばならなかつた。それをいつまでも回避してゐるわけには行かぬのである。》（「二・二六事件と私」『決定版 三島由紀夫全集34』新潮社、二〇〇三年、一一六〜一一七頁）

戦前と戦後の連続した、しかし屈折した自身のアイデンティティを追い求めるため、彼の「美学」のために、天皇の「人間宣言」を問題にしなければならないと、三島は実に率直にのべている。

「人間宣言」の背後

現人神でなくなったのは、「人間宣言」である。そんな宣言をした天皇は、無責任で、糾弾すべきである、と言う。——だが、そうだろうか。

＊

もしも天皇が帝国憲法の定める主権者のままで、皇国主義者に言わせれば、現人神のままで、「人間宣言」を行なったのなら、まだしも三島の言い分が成り立つかもしれない。天皇は、そんな宣言をしなくてもよいのに、自発的に宣言を行なったことになるのだから。

だが、その想定はおかしい。

＊

一九四五年九月二日に、日本はアメリカをはじめ連合軍に、無条件降伏する文書に調印した。天皇は正式に、主権を失い、連合国軍最高司令官に「従属する」こととなった。マッカーサー司令官の命令に、従う立場となったのである。

もともと帝国憲法のもとでも、天皇は国家機関であって、政府の輔弼《ほひつ》と同意にもとづいて行為する立場にあった。降伏後は、これに輪をかけて、行動の自由がなくなった。

三島由紀夫は、こうした事情やその法的意味について、十分承知していたはずである。「人間宣言」は、マッカーサー司令部が思いつき、文案を用意し、それを発表するように天皇に示した。天皇は、「もともと人間なのだから、この通りではないか」と同意し、これを発表させた。かりに天皇が、反対の意向をもっていたとしても、発表しないわけにはいかなかったろう。

脱洗脳プログラム

ではなぜ、マッカーサー司令部は、天皇に「人間宣言」をさせることが必要だと思ったのか。

マッカーサー司令部は、日本の国家体制について、詳しく多角的に研究した。そして、軍が政府のコントロールを逸脱するメカニズムが、とりわけ天皇親政説（現人神の観念）によって駆動されていると結論した。それを解除するには、どうしたらいいか。天皇自身に「人間宣言」をさせることである。そうすれば、現人神の観念に打撃を与えられる。そこでそのように計画され、そのように実行された。天皇はその、実行者（エージェント）だったにすぎない。

この構造も、三島は見てとることができた。さもなければ、法律を学んだ知識人とは言えない。天皇の「人間宣言」は、占領軍による、脱洗脳プログラムの一環だった。それを、理解したはずだ。理解したなら、天皇にその責任がある、と考えるのはおかしい。その責任はマッカーサー司令部にあるはずだからである。

見て見ぬふり

ここに、ひとつの欺瞞がある。天皇が自分の意思と関係なしに、国家機関のように、あるいはマッカーサーのエージェント（操り人形）のように、動いているのに、それをわざと見ないのである。

見ているのに、見ないことにする。これは、欺瞞である。

なぜなのか。天皇に責任はないのに、責任はあってほしい。責任があったことにしたい。これは、「人間宣言」に投射された、戦後からの眼差しである。天皇親政説に立つと、それがどうみえるはずかという、三島の眼差しである。決して、二・二六の将校らの眼差しではない。特攻隊の隊員らの眼差しでもない。彼らが天皇の「人間宣言」を呪詛するとみえるのは、三島がそういう架空の想定を、彼らに被せているからである。

戦後のいったいどこに、天皇親政説が成り立つ余地があるか。それは、天皇親政説に身を置きたいという、三島由紀夫個人の強い思い以外にない。

*

この過剰な思い（架空の思い）によって、戦後の空間が歪んでいる。

歪みの原因は、あるはずのものが、見えない（見ようとしない）から。日本を占領し、統治している、連合軍の権力が見えない。子どもでも見えるのに、見えない。

天皇の「人間宣言」を追及したいという強い思いは、言い換えれば、天皇に、天皇親政説が考えるような意思があってほしいという思い、もっと言えば、占領軍による統治の権力があってほしくないという思い、である。

この倒錯した、衝迫的な思いに、三島はとらわれている。なぜとらわれるのかは、順に明らかにしよう。

八月革命説

これと並行する、奇妙な倒錯に思いあたる。八月革命説である。

この説は、東大法学部周辺の誰か（おそらく丸山眞男）によって唱えられ、戦後かなり長い間、左派を中心にかなりの人びとのあいだを流布した説だ。だいたいこんな内容だ。

敗戦によって、日本は、国民主権の平和な民主国家に生まれ変わった。日本国憲法は、その輝かしい成果だ。そこには、国民に主権があること。基本的人権が保証されること。そして、戦争を放棄し戦力を持たないことが謳われている。

なるほど。それならば、国民に主権がある。ではいつ、国民は主権者になったのか。

ふつうは、一九五二年四月二八日のサンフランシスコ講和条約の発効をもって、主権が回復された、すなわち、日本国民が主権者になった、と考える。けれどもこれだと、日本国憲法の制定過程で、日本国民は主権者でなかったことになってしまう。それは都合が悪い。

そこで、八月革命説は、こう考える。よろしい、日本はポツダム宣言を受け入れると決めた。無条件降伏であり、主権者である天皇は、連合国軍最高司令官に従属することになった。これを受け入れた時点で、帝国憲法が想定していた国家体制（国体）は解体し、天皇は主権者でなくなったのである。

天皇が主権者でなくなったのなら、では、主権者は誰か。国民しかいないではないか。日本政府が降伏を決定した時点で、体制の変革（革命）が起こり、主権は天皇から国民に移ったのだ。

＊

あまりに一方的で、調子のよい話に聞こえないだろうか。

革命にあたるような、実際の動きなど、一切起こらなかった。

けれども、このストーリーは、戦後の日本が戦前と切り離されて、無垢な、平和で民主主義の日本国に生まれ変わった、と信じたい人びとに、訴えるものがあった。そこでそうした人びとに支持されたのである。

＊

天皇の親政をなおも信じたい三島由紀夫と、平和で民主的な日本の出発を信じたい、左派の人びと。政治的立場は、まるきり反対である。けれども、共通点がある。アメリカ（をはじめとする連合国軍）の、統治権力と日本占領を（見えているのに）見ない、見たくない、という倒錯である。

演技と憑依

三島由紀夫は、「憂國」をいたく気に入って、映画にもし、写真集も作った。自分が被写体となって、自決する軍人を演じている。このストーリーに埋没し、その状況に浸り切ることに、無常の喜びを感じているようである。

ある作品を創出することと、その作品世界に埋没し、登場人物を演じることに喜びを見出すこととのあいだには、かなりの距離がある。

作家三島が、自作の登場人物を演じることを、世間はもてはやした。「行動する作家」というわけである。けれどもこれは、三島に特有の病理と倒錯の兆候であった。

＊

セルバンテスが、『ドンキホーテ』を書いた。時代に遅れて生まれたドンキホーテが、鉄砲の時代に流浪の騎士の扮装をし、自分の幻想のなかでロマン的な夢物語を演ずる。これを作品として書くならば、時代批評として正常な行為である。だがもしも、セルバンテス自身が騎士の扮装をし、ドンキホーテのように流浪の旅に出たらどうであろう。異様な危険人物だとみなされないか。

セルバンテスも、ふつうの作家も、このようなことはしない。三島だけがそれをする。なぜなのだろうか。

それは、三島が、作中人物に入り込み、憑依し、自分の葛藤を解決する必要があったからだ。その構造を、もう少し追ってみる。

責任は誰に

「人間宣言」をした天皇には、責任がない。それを指示した、天皇より上位の権力、アメリカ大権に責任がある。もしも「人間宣言」の責任を追及したければ、アメリカ大権の責任を追及するべきだろう。

＊

マッカーサー司令部はなぜ、天皇に「人間宣言」をさせたのか。それは、天皇親政説を払拭するため。憲法を、通常の立憲政体の基本法として機能させ、戦後改革を軌道に乗せるため、である。果たして「人間宣言」によって、天皇親政説は、憑き物が落ちたように消えてなくなった。マッカーサー司令部の、計算通りである。三島由紀夫がこのことに、深い打撃を受けたことが、その証拠である。

三島は、「人間宣言」によって自身のアイデンティティが打撃を受けたのなら、まず、アメリカ大権が戦後日本を支配するとはどういうことか、正面から考えてみるべきだった。そして、自分のアイデンティティの一角をなしていた天皇親政説が、なぜ消えてなくなることができるのか、考えてみるべきだった。

三島は、資質のゆえか、アメリカ大権と向き合う準備（道具だて）を欠いていたのかもしれない。その意味では、弱いのである。

ともかく三島は、「人間宣言」にこだわった。「人間宣言」さえなければ。「人間宣言」を呪詛する英霊の声のなかに、天皇親政は生きている。

でもそれは、戦後のいまを生きる自分自身のなかに、天皇親政が生きる余地がない、ということではないか。天皇親政なしで生きようと、なぜ考えなかったのか。

＊

三島は、そう考えるかわりに、戦後にどのように天皇親政が可能か、考えた。もちろん、フィクション（作品世界）の中でしか、可能でない。

作品世界の中でしか、可能でないのは我慢ならない。それなら、自分が作品の登場人物となり、英霊の声のままに、憑依して現実世界を歩き出すしかないではないか。

楯の会

「憂國」で、映画や写真集などの二次創作に関わった三島は、「英霊の聲」では、その範囲をさらに拡げる。二・二六事件の将校と、特攻隊の隊員を重ね合わせにした、「楯の会」という私兵の集団を、組織したのだ。

天皇はいま、統帥権をもっていない。天皇の指揮する軍は、存在しない。よって、楯の会は、軍ではなく、その真似ごとである。天皇と、指揮／服従、の関係にない。制服を着て軍の真似ごとをする、任意団体（ボランティア）である。

＊

しかし楯の会は、軍でない、のでもない。

軍ならば、武器を持たなければならない。だが一般市民は、武器を持つことが禁じられている。楯の会は、代わりに、日本刀を持っている。可能なら、銃器を持つであろう。武装することは、楯の会の本質である。

では現実に、軍として行動するのだろうか。

いったん事ある際にそなえ、訓練を重ねた。妄想にかられた、軍隊ごっこである。けれども、軍隊ごっこが本物になる可能性を秘めてもいた。本気なのか、冗談なのか。周囲を煙に巻いて、三島は楽しむふうであった。

国際反戦デー

畢生《ひっせい》の長編『豊饒の海』を完成させつつあった三島は、自分の人生にピリオドを打つ着地点を探してもいた。

一九六九年一〇月二一日の国際反戦デーでは、新宿に過激派の学生が結集する予定であった。過激派のセクトは、騒乱状態を出現させ、自衛隊の治安出動を余儀なくさせるのだ、みたいな勇ましいことを呼号していた。内実は、ベトナム戦争阻止を合い言葉にした大衆闘争で、革命などとはほど遠かった。

けれども三島は、左翼や学生運動の事情に疎かったのか、革命的情勢が切迫し、自衛隊が治安出動するかも、と本気で思っていたらしい。そうなれば、自衛隊に先がけて、過激派学生に斬り込み、討ち死にしようと覚悟を決め、準備していたという。もちろんそのようなことにはならず、待機は無駄に終わった。

*

これが三島の思い描いた死に場所だとすると、どういう意味があるか。

1. 左翼の革命を防ぐため、実力で起《た》ち上がり、討ち死にした。
2. 天皇を守るため、志願して、身命を惜しまず戦った。
3. 天皇に命じられていないが、その意を汲んで行動した。

正規軍でなくて私兵であるが、志願している点が、特攻隊と似通っている。

「憂國」の自死に比べて、話がストレートで、わかりやすい。

そして、これも大事な点だろうが、もしも左翼の過激派集団が現実に、暴力革命を試みるような情勢になるなら、それに備えて準備を怠らなかった楯の会の、思想も行動も現実的だったことになる。その準備がなく、傍観するほかなかった市民は、三島由紀夫と楯の会に、敬意と負い目を持たざるをえなくなるはずだ。

二・二六を真似る

一九六九年一〇月の国際反戦デーは、空ぶりに終わった。

三島は、改めて、死に場所を見つけなければならなくなった。

国際反戦デーのような「討ち死に」は、敵がいなければ、実行できない。天皇に牙をむく暴力的な敵はいないのか。

日本共産党は五〇年代に、暴力革命路線を放棄した。日本共産党から分かれた新左翼は、体制を脅かす暴力革命を企てるには、ほど遠かった。彼ら革命的左翼が、空想的で小児病的であるなら、それを阻止して「討ち死に」する準備をしている楯の会も、さらに輪をかけて空想的で小児病的であることにならないか。

三島は、困難な場所に立つことになった。

＊

結局、三島由紀夫が選んだのは、「英霊の聲」のうち、二・二六事件のプロットをなぞる決起だった。市ヶ谷の自衛隊駐屯地の建物を襲い、人質をとって、バルコニーから決起をうながす演説をする。どこまで本気で「決起をうながす」つもりがあったのか、疑わしい。聞き入れられなければ、もはやこれまでと、自決する。途中から、「憂國」のような筋書きになった。いやむしろ、自決する結末のほうが先に決まっていて、それに至る流れ（決起をうながす）があとから取ってつけられた、のほうがありそうだ。

＊

市ヶ谷駐屯地の建物は、旧陸軍省であったから、多少の象徴的意味合いはあるのかもしれない。それにしても、この事件は、全体に不可解な印象を与える。わかりにくい。いったい何が、三島のほんとうにやりたかったことなのか。

ほんとうの二・二六

市ヶ谷駐屯地の事件のわかりにくさは、ほんとうに三島がやりたかったことの、プランB（格下げプラン）だったからではないか。

わかりにくいと言えば、三島の事件もわかりにくいが、二・二六事件のほうもわかりにくい。この事件は、三島を触発したのだから、三島はずいぶん二・二六事件のことを研究したはずだ。決起した将校たちの動機は正しい。だが、決起は失敗した。もしもこれが、理想的に実行されていたら、どういう事件になるはずだったのか。

＊

北一輝の『日本改造法案大綱』によれば、部隊が決起して政府中枢を襲撃するのは、維新の第一歩でさえない。天皇が大権を発動し、憲法を停止し、戒厳令を発動し、政府権限を戒厳司令部に集中することが、第一歩である。これさえできれば、政府首脳は手も足も出ない。政府首脳を暗殺しなくても、戒厳司令部が追手を差し向けて、逮捕できるのである。

戒厳司令部を基盤に、維新を推進する「革命委員会」を組織することができる。

北一輝はこのあたりのことを、ちゃんと書いている。これだけのことは、『日本改造法案大綱』と帝国憲法を読めば、すぐわかる。

天皇が大権を発動するのだから、それを確実にするには、決起部隊は天皇の身柄を確保しなければならない。実際の二・二六事件では、身柄の確保を怠った（身柄を確保するという発想がなかった）。ゆえに、決起部隊と無関係に、戒厳司令部が組織されてしまい、決起部隊と向き合うことになった。この時点で、勝負あり、である。

決起した将校らは、政府首脳（君側の姦）を排除することばかり考え、国を思って直接行動を起こせば、天皇がそれに感動し、決起に呼応して、行動を起こしてもらえると想定していた。甘い、と言うほかはない。天皇親政説を真に受けすぎで、あきれるほどだ。

＊

では、どうすればよかったか。

皇居を、征圧する。

決起部隊ほどの兵力があれば、宮城の征圧は可能だったろう。宮城は、皇宮警察が守備している。近衛師団もある。けれども深夜、武装した部隊が作戦行動を起こすなら、成功の可能性は高い。天皇の身柄を押さえたその瞬間に、近衛師団も、そのほかの軍部隊も、一切手出しができなくなる。

宮城に入ろうとすると、宮城の守備隊が応戦してくるかもしれない。そこで決起部隊には「宮城が叛乱軍の手に落ちているから、陛下を救出しなければならない」と説明して、突破する。天皇が頑強に抵抗しても、殺害せずに、拘束する。天皇が身柄をくらまし発見できなくても、身柄を確保したと発表して時間を稼ぎ、宮城を封鎖して身柄の発見につとめる。万一天皇が死亡しても、その事実は伏せる。そして、戒厳令を発し、戒厳司令官の任命書を発する。

二・二六事件を反省するなら、以上のような結論になるはずだ。三島も、同じように結論しただろう。

三島は宮城を狙ったか

三島由紀夫は、では、宮城襲撃を計画したのだろうか。

その可能性はある。楯の会は、皇居から近い国立劇場の屋上で、一周年の記念パレードを行なっている。三島は国立劇場を気に入っていたようだ。皇居に向かうには、地の利がよい。

そして三島は、国際反戦デーに代わる、自身の幕引きのストーリーを、さまざまに考えたはずだ。宮城襲撃を含めて。

市ヶ谷駐屯地で、三島が、方面総監を人質にして、決起を訴える演説をしたのは、宮城襲撃の場合のシナリオを流用したようにも思われる。

けれども、三島は、宮城襲撃を真剣に検討するうち、わりに早い時期にあきらめたのではないかと思われる。

＊

まず、楯の会は、二・二六事件の決起部隊に比べて、人数も訓練も貧弱て、武器はないに等しい。皇宮警察の警戒線を突破するのがまず困難だ。（自衛隊駐屯地なら、楯の会会員数人であれば警戒されずに、総監室まで入り込むことができる。）

第二に、天皇の身柄を確保したとして、天皇には大権がない。戒厳令を出すこともできない。身柄を確保しても、政府は自由を奪われない。

第三に、天皇に対する要求事項がない。三島は、北一輝と違って、「日本改造」の具体的なプランなど、持ち合わせていない。（もっとも、二・二六事件の将校らにしても、具体的な要求事項を整理していたわけではなかった。）

要するに、宮城を襲撃しても、それをクーデターに結びつけることができない。クーデターのような政治的事件を起こすには、宮城を襲撃して天皇の身柄を確保することが、三島らにできるほとんどの唯一の筋道だが、それをしても、その先の見通しがない。にらみ合いになって、事態が動かない。三島らが、無道《ぶどう》で理不尽で、不敬な暴力をふるう暴漢にすぎないことが、白日のもとに明らかになるだけである。

＊

これが、三島が宮城襲撃をあきらめた理由だろう。目標を、市ヶ谷駐屯地に変更すれば、この理不尽さは、少し目立たなくなる。

三島は自衛隊の隊員に、決起を呼びかけた。聞き入れられないに決まっている。だが、三島らの行く手にクーデターの道があった、という体裁は整えることができる。三島の破綻を目立たなくできる。

人間宣言を取り消す

ただし、三島由紀夫は、そのもう少し先まで考えたかも知れない。

宮城を襲撃し、天皇の身柄を確保したとして、その先は、クーデターしかないのか。

三島は、政治的な人間ではない。文学的な人間である。彼がこだわって来たのは、戦後日本の汚辱であり、文化の危機であり、日本人が精神のなかで積み重ねてきた数々の欺瞞の清算であった。そして、「文化防衛論」を書いた。「英霊の声」を喚《よ》び起こし、天皇の「人間宣言」を糾弾した。天壌無窮の国体がへし折れたその原因が、天皇が神でなくなったこと、「人間宣言」にあったのであると。

そのように考えるなら、目の前に身柄を確保したのは、「人間宣言」を発したその当人である。

彼・天皇に、「人間宣言」を取り消すよう、要求することはできないか。

＊

「人間宣言」は、取り消すことができるものなのか。

ナザレのイエスが、「わたしは人間だ、神ではない」と宣言したとする。どうなるか。キリスト教は成立できなくなる。（それでもイエスに従う人びとがいるかもしれない。その信仰は、ムハンマドに従うイスラム教に近いものになるだろう。）

弟子たちが当惑し、「あなたは神であるはずだ」と、イエスに迫ったとする。イエスは思いなおし、「さっきの宣言を取り消す、わたしはやはり神である」と宣言したとする。それなら、イエスは神で、キリスト教が成立するか。そうは行くまい。イエスが神なら、間違っても「わたしは人間だ」と宣言したりするはずがないからである。

「人間宣言」は、取り消すことができない性質のものではないか。それならば、取り消しを迫ることは、無意味ではないか。

取り消しの強要

三島由紀夫がこのように考えたかどうか、わからない。

英霊たちは、「などてすめらぎは人間となりたまひし」と呪詛の声をあげていた。この呪詛の声は、天皇が「人間となってしまった」ことを、事実として認めているのだと受け取れる。「人間宣言」を取り消してほしい、と訴えているのとは違うのではないか。

それでも、かりに三島が、天皇に、「人間宣言」を取り消すように、迫るべきだと考えていたとしたらどうか。

三島は、天皇の身柄をひき据え、「人間宣言」を取り消す宣言を出しなさいと、天皇に迫る。天皇は、応じないだろう。

「人間宣言」を取り消す宣言には、文案が必要だ。三島は、檄文を用意したように、「現人神宣言」の文案を用意するはずだ。それを、天皇に示して、署名するように要求する。

天皇は、応じないだろう。

*

天皇と、三島由紀夫とが、にらみ合うかたちになる。

何と何が、にらみ合っているか。

天皇は、天皇機関説を代表する。

天皇は、立憲政体の原理を体現するように教育を受けて、そのように行動してきた。天皇のいくつかの重要な行動をそのように理解できることは、加藤典洋・竹田青嗣・橋爪大三郎『天皇の戦争責任』（径書房、二〇〇〇年）で、のべた。天皇は、こうした理解にもとづいて、マッカーサー司令部が指示した「人間宣言」を発することに同意した。そして、帝国憲法の改正憲法である、日本国憲法を承認した。

天皇は、日本国の、戦前と戦後の連続を体現する。それは、天皇が、天皇機関説に即した存在であるから、可能である。

三島由紀夫は、天皇親政説に足場を置く。

三島は、帝国憲法や日本国憲法に先立つ、日本の文化的伝統を体現しようとする。天皇親政説は、帝国憲法をこの、日本の文化的伝統に即して解釈し直そうとするものだった。「人間宣言」は、この解釈（皇国主義）に合致しないから、非難すべきものなのだ。

襲撃の結末

宮城襲撃を想像した三島の頭のなかで、天皇と三島がにらみ合う。

もしも三島が、自分の正しさを貫こうとするなら、天皇の命を奪うと脅迫しなければならない。天皇は応じない。ならば、天皇を殺害しなければならない。

天皇は死ぬ。天皇は、帝国憲法と日本国憲法とに身をささげた殉教者、になる。凶悪犯に襲われ、その要求に屈しなかった、痛ましい事件の犠牲者だ。国民は悲しむ。皇太子が、皇位を継ぐ。政府は機能する。戦後の象徴天皇制は、びくともしない。

天皇を殺害したらどうなるか。

三島も自決しなければならない。

これらのことが、三島の頭のなかで、リアルに起こる。

リアルにこれらの出来事をみつめたとき、三島はなにを思ったであろうか。

三島の分裂

天皇と三島は、対等に対峙しているのか。

天皇が三島を、圧倒していると思う。

天皇は、数々の苦難を潜り抜けてきた。戦争を導き、敗北もした。軋轢に苦しみ、悩んできた。しかし、天皇機関説と天皇親政説とのあいだで、引き裂かれてはいない。一貫している。よくその務めを果たしてきた。

三島は、『國體の本義』の教育を受け、天皇親政説を身につけた。天皇を現人神であると信じた。その天皇が、「人間宣言」をして始まった戦後を、呪詛しながら生きてきた。三島が天皇親政説で一貫しているのなら、天皇と対等に対峙している、と言えなくもない。

＊

だが三島は、そうでないことに、気づかざるをえない。

二・二六事件の死者たちは、特攻隊の死者たちは、純粋に天皇親政説を生きることができる。死者たちは、戦後を生きないからである。

死者ならざる三島は、戦後を生きる。天皇親政説を信じていた人びとも、空襲で焼け出され、闇市に出入りし、戦地から復員し、米兵と町を歩き、配給の援助物資に頼って、生きるのである。

天皇親政説など、どこにその場所があるか。

天皇と対峙する三島は、ゆえに、分裂している。そして屈折している。分裂している。

＊

それは三島が、戦後に名をあげた戦後文学の作家だからである。彼は、戦後日本の社会・文化状況が気に入らず、不機嫌なのかもしれない。しかし、そうした戦後日本の、喉に刺さったトゲのような鋭角な切り口で、商業雑誌に原稿を書き、商売をしているのである。三島は戦後の、申し子なのだ。

その三島が、戦前はよかった、と言わんばかりの言論をふり回す。「戦前はよかった」とは、戦後のセリフである。彼は、人びとと自分の分裂を、商売のタネにしている。

＊

そして屈折している。

伝記的資料が明らかにしていることだが、戦前戦中の三島は、決して軍国少年のようではなかった。徴兵検査が不合格になって、家族で喜んでもいる。彼は軟弱で、耽美的で、非政治的な、青白い文学青年にすぎなかった。二・二六事件の将校や特攻隊の隊員にとって、三島は臆病者、裏切り者なのである。

三島自身がこのことを、よくわかっている。

しかも三島は、怖くて、このことを口にできない。自分の意識にのぼらせるのさえ、ためらわれる。

このことは、三島に、強い自己処罰（自罰）の動機を与える。自罰とは、自決と言い換えてもいい。

罰は本来、父親が与えるべきものである。あるいは、天皇が与えるべきものである。父親は、三島が東大法学部に入ったことで満足し、三島を責めなかった。天皇は、「人間宣言」を発して人間となり、三島を責めなかった。三島は、そのことを怒っているのである。

三島は、自罰を希求し、「人間宣言」を非難しながら、その個人的動機をあからさまにすることができない。そこで、二・二六事件の将校らや、特攻隊の隊員らの、声を借りる。こういうやり方こそ、彼ら皇国主義に殉じて死んだ者たちへの、冒瀆でなくてなんだろう。

三島は、このこともわかっている。ゆえに、自罰の動機はさらに強くなる。自罰が果たされたとき、ようやく、二・二六事件の将校ら、そして特攻隊の隊員らと、和解が果たされたと思えるのである。

三島は、もしも宮城を襲撃するとすれば、その願いは天皇に、「勝手に死ね」と言ってもらいたかったから、ということになろう。

三島のねじれ

こうした分裂と屈折を抱えた三島は、孤独になる。誰も三島の、分裂と屈折を理解しないのだから。よって、友達もいない。ある意味、友達を避けて、遠ざけてもいる。こうして孤独であることは、孤高であり、自分が優秀であることの証である。

けれども、矛盾してひねくれたことに、三島は、寂しがりやである。誰からも相手にされないのは気に入らず、目立ちたがり屋で、みなの注意を引こうとする。理解されようともする。そのためのヒントを、自分の書く文章のなかに散りばめておく。わかるひとは、わかってね。そう思って読むと、三島の文章は率直だ。よくできた小学生の作文みたいである。

こうした両義的な感情が、三島をとらえている。このことに、三島自身がいらいらしている。まことにつき合いにくい。

ともかく散らばったヒントをかき集めて、三島の最期の意味を考えよう。

＊

宮城襲撃を断念するとしたら、では、どうするか。

宮城襲撃を断念したとわからないかたちで、それと似たことをする。三島ひとりが、これは宮城襲撃なのだ、と思って（わかって）いればいいのである。

ならばこれは、「ごっこ」である。模倣である。憑依である。しかし「ごっこ」は、真剣にやらないと面白くない。

市ヶ谷駐屯地の襲撃は、宮城襲撃の「つもり」である。あるべき二・二六事件のプロットをなぞっている。人質の方面総監から、応答はない。建物前に集まった自衛隊員からも、応答はない。野次ばかりである。「勝手に死ね」と言われたのと同じである。

天皇親政説によれば、天皇は、臣民のいる至るところに遍在する。三島が自決する場にもいて、それを見届けるのである。

舞台は整った。あとは、自決するだけだ。

三島にとっては、それで完結する。

この自決は、宮城襲撃を実行もできないほど、情けない自分を処罰する行為でもある。

だが、おおかたの人びとにとって、そうは受け取れないだろう。残るのは謎だけである。三島はそれも計算のうえで、自分の存在にピリオドを打った。

三島の戦後

結局、どういうことか。三島の文学は、そして天皇へのこだわりは、なんだったのか。

三島は思春期にさしかかるころ、『國體の本義』の神学を教え込まれた。その内容は、それなりに高度である。三島はその神学に、心の奥深く納得したのだ。よくある軍国少年としてではない。個人主義の行き詰まりを打破し、近代の超克をはかり、世界を正しく再組織する原理として。いまあるままの自分も、天皇と直通するならば、正しいものとしてあってよいのだという保証として。

同年代の若者らが特攻に出撃するのとひきかえに、三島は戦後に生き残った。『國體の本義』の神学（天皇親政）は効力を失い、人びとはそれと無関係に生き始めた。三島だけは、戦後を、『國體の本義』の神学の通りに見続けた。すると人びとは夢遊病者のように、夢のなかを生きているように見えた。天皇親政をしっかりわきまえているのは、死者たちだけである。生きているものが死んでいて、死んだものが生きているという逆説である。

祖母と密着して育った三島は、性同一性に障碍《しょうがい》を負った。男性的な姿態に惹かれるのは、女性性のあらわれである。そうした性的嗜好は隠され、だが露顕すべきもの、そして罰せられるべきものであった。『仮面の告白』に、その葛藤が凝縮している。のち男性的な外見の獲得に励んだのは、自分を愛し肯定するための努力である。

三島には才能があった。自分は選ばれた者、祝福された者。だが同時に、呪われた者である。だから彼は、彼だけは、戦後を、呪われた異次元の存在として歩んでいく。

生者が死者のようで、死者が生者のようなら、自分はどちらなのか。戦後を、天皇親政の目で見ることは正当か。戦後か三島か、どちらかが間違っている。

戦後が間違っていると言える根拠は、天皇親政の持続する日本の国体である。『國體の本義』によれば、国体は神話の昔から日本を貫通する不変の原理である。だがこの主張は、昭和の動員体制が、明治日本を再定義し、日本の実態をねじ曲げた仮構ではないのか。実態が正しく国体の理念が仮構であるなら、戦後の実態が正しく天皇親政の神学のほうが間違っているのではないか。

三島由紀夫は、戦後の実態と天皇親政の神学のあいだで、引き裂かれる。そしてますますこの矛盾した自分の存在を、自己処罰したいという衝動が抑え切れなくなる。

自己処罰は完遂される。しかしそれは、自己処罰と見えてはならない。それは、戦後を告発する政治的・文化的・英雄的行動と見えなくてはならない。それは、明らかに嘘くさい。三島の思想も、三島の文学も、初めから嘘くさかった。ゆえに、三島の人生のピリオドも、嘘くさくて多義的であるなら、ちょうどよいのである。

父と子

このように三島由紀夫のことを考えられるとすると、いろいろなことに気づかされる。三島を苦しめた、自分の内側の分裂は、三島より後の、戦後生まれのいわゆる団塊の世代では、父と子の分裂（葛藤）として現れる。

たとえば、村上春樹。彼の作品では、はっきりかたちにならないが、父との葛藤が影を落としているふしがある。（村上春樹については、材料が不足しているので、これ以上のことをのべることができない。）

またたとえば、加藤典洋。彼は、晩年のエッセイ（『大きな字で書くこと』岩波書店、二〇一九年）で、昔治安警察の仕事をしていた父を長く許すことができず、しかしようやく和解に向かった、というエピソードを語っている。

*

このことが気になるのは、私が加藤典洋さんと対談『天皇の戦争責任』を行なったとき、加藤さんが不可解なこだわりを、ずっと私に感じさせたからである。（対談そのものは、刊行年の前年、一九九九年に行なわれた。）

天皇に戦争責任があるのか。私（橋爪）は、戦争責任はない、と論じた。なぜなら、天皇は、帝国憲法の定めに従い、立憲主義の精神に従って、行動したから。これは、天皇機関説の立場に当たる。それに対して加藤さんは、天皇に戦争責任がある、という。兵士たちに戦場に行くように命じ、彼らを死なせたではないか。どんな責任なのかと聞くと、道義的な責任だという。

《…僕は、新しく今回考えてみて、天皇の責任として最後に残る核心の問題は、戦争の死者、とくに兵士に対して、昭和天皇がいわば統帥権者たる一個人として道義的な責任を放棄したことなんじゃないか、と考えるようになった。僕個人としてというより、日本の戦後社会の問題として、そういうことがあるという考えにいたった。…昭和天皇の戦争の死者に対する道義的責任、これをどう考えるか、という問題を僕たちが自分で解くこと、これが大事だというのが、僕が「天皇の責任はある」と言うとき、いま頭にあるいちばん大きな内容だといえます。》（『天皇の戦争責任』径書房、二〇〇〇年、二五頁）

いま思えばこれは、天皇親政説なのである。こんな調子で、両者の論争は平行線のまま、延々と続いた。

どういうことか。加藤典洋さんにも『國體の本義』は影を落としている、ということだ。ある時期の日本人に、決定的な影響を与えた考え方なのだから、これは当たり前なのだが、そのことを意識しておく必要がある。

『共同幻想論』の場合

三島由紀夫と同年代の、吉本隆明はどうか。

吉本隆明は、軍国少年として育った。敗戦とともにさまざまな知性が変節するのを目にする。それを「転向」と告発するのは、彼の主要な仕事のひとつだった。

戦後の吉本は、『國體の本義』の神学を抜け出し、マルクス主義のドグマとも距離を置いて、文学を基点にものを考えた。マルクス主義を内破し、そのドグマから自由に、言語と人間と文学を考えることを課題とした。

＊

ここで、吉本隆明の『共同幻想論』という書物を取り上げてみたい。これは、一九六八年の出版で、雑誌『文芸』の連載をもとに単行本にまとめたもの。「禁制論」「憑人論」「対幻想論」など十一の章からなる。天皇や、初源の国家についても論じられている。三島由紀夫の『豊饒の海』と、ほぼ同時期にあたる。

『共同幻想論』の誰にもわかる著しい特徴は、マルクス主義のドグマから抜け出し、それに対抗しようとしている点だ。主題は権力だが、それは暴力(や階級闘争)から生まれるのではない。自己幻想、対幻想と並んで共同体に育まれる共同幻想が、「対幻想と逆立」して人びとに関係するところに生じる、とされる。権力が共同幻想として、共同体に付随するものであるなら、権力を階級闘争によって打倒し奪取するという政治プログラムは、放棄されなければならない。

とまあ、こういう具合に、当時の読者は『共同幻想論』を理解したわけだが、そしてその読みは間違っているわけではないのだが、ここでは別なふうに読んでみたい。

『國體の本義』を清算する

つぎのように想定してみる。

吉本隆明が『共同幻想論』で念頭に置いたのは、『國體の本義』であった。その天皇親政の神学を無効化させるように、議論を組み立てた。

そう考えられるなら、『共同幻想論』はどう見えるか。吉本隆明は何ほどか、『國體の本義』に影響され、囚《とら》われていると自覚していた。戦後の人びとも同様に囚われていると、吉本には見えていた。戦後社会そのものが、その磁力圏のなかにあるように見えた。帝国憲法を改正して日本国憲法となし、その冒頭に象徴天皇の条項を有し、戦前とのあいまいな連続のうえに社会を組み立てているからである。

『國體の本義』を清算するかたちで、日本の起源を描き直すこと。天皇の統治のない、日本の原共同体のあり方をイメージすること。これが、『共同幻想論』のなかみである。

『共同幻想論』は、柳田国男の『遠野物語』を素材にする。ほとんどそれだけが素材だ、と言ってもいい。

＊

この柳田国男というひとは、敗戦を境に日本と日本人の同一性が喪われてしまうのではないかと考え、民俗学の手法で、日本社会の原像を克明に描こうとした。原像を克明に描いておけば、同一性が損なわれても、それを再建するプランをつくれるだろう。

柳田国男の民俗学の特徴。農村での実地調査を基本にする。データにもとづくサイエンスだ。そして、仏教をまったく無視する。日本の純粋性を追求するためだ。そして、天皇を捨象する。天皇制が終焉しても持ちこたえるためだ。——強引にまとめるとこうなる。柳田民俗学は、「天皇と距離を置いた国粋主義の試み」なのである。

＊

『共同幻想論』は、柳田国男の資料（のみ）を用いる。それに、古事記・日本書紀の描く日本の上代の記事をくっつける。これが、個人幻想・対幻想から、共同幻想への筋道だ。

これは、何を意味するか。

本居宣長の『古事記伝』から、天皇を消去することだ。

本居宣長は、『古事記伝』のアクロバティックな実証の手続きによって、中国の影響が及ぶ以前の〈原日本〉を再構成し、そこに天皇と人民が自然に結びつく共同体を発見した。神話時代へと連続する、ロマン主義的精神の表明である。そうやって、『國體の本義』を支える、天皇親政説の骨組みを与えた。

本居宣長の『古事記伝』が扱う同じ素材から、天皇を消去すれば、『國體の本義』の根本が破壊される。『國體の本義』の神学に囚われた日本人を、脱魔術化することができる。

このように、『共同幻想論』は、『國體の本義』を清算する試み、と読み解くことができるのだ。

内閉を打破せよ

『共同幻想論』がこのような意図にもとづくものだとして、吉本隆明は、何をやりたかったのか。

吉本は、自分のなかの「軍国少年」を、見つめ直したかった。吉本はしばしば、人間は間違えるんです、自分で正しいと思っているだけじゃだめなんです、それを客観的な文脈に置いて学問的な批判にさらさなければだめなんです、という趣旨のことを言う。これは、かつて、『國體の本義』の神学を内在的に生きたこと。そしてそれが、脆くも崩れたこと。それを自分が崩したのではなかったこと、を意味する。そして、その経験が、マルクス主義のドグマに距離を置く自分の思想の立ち位置の根拠になったこと、その経験を方法へと高めないと、誰もがまた同じ間違いを犯すに違いないこと、を自分の方法としてのべ伝えたかった。こういうことではないか。

『國體の本義』の神学は、日本人が編み出した、ほぼ初めての独自の思想だ。そして、日本人をとらえ、外の世界から切り離して内閉させた。その内閉を、日本人は自力で打破することができなかった。

＊

いままた、日本人は、新しい内閉にとらえられている。そして、内閉の特徴は、それが内閉とみえないことである。内閉を打破する思想の方法と強度を持ちなさい。吉本隆明のそうしたメッセージを、私は聞く。

2・5 大東亜共栄圏の残照

敗戦とともに、『國體の本義』の魔法は解けた。

しかし、それは日本だけのことではない。かつて大日本帝国は、台湾、朝鮮も版図としていたのである。これらの場所では、敗戦以上のことが起こった。それは、権力の空白と、独立を意味したからである。

台湾、韓国、北朝鮮について、これまで考えて来たことの延長で、なにが言えるか考えてみよう。

台湾総督府

台湾は、日清戦争の結果一八九五年に、清国から日本に割譲され、以来一九四五年までの五〇年間、日本の一部であった。

台湾がなぜ割譲されたかと言うと、清国は当時、台湾を中国の不可欠の一部だとあまり思っていなかったからである。明治初期、日本漁船が台湾に漂着し暴行を受けたので、日本政府が清国政府に抗議すると、「化外の地」だから責任がない、と返答が来た。中国本土の人びとは、長らく台湾へ渡航できないことになってもいた。台湾に居住していたのは、それでも移住してきた主に福建省出身の人びと。そして、少数の台湾原住民の人びとである。清国政府が台湾の直接統治に乗り出したのは、ようやく一八九〇年のことだった。

突然に日本領になってしまった台湾の人びとは、中国から見捨てられたとショックを受けたろう。日本の統治が始まると、抵抗運動が起こった。日本は台湾総督府を置き、社会インフラを建設し、学校をつくって日本語を教え、台湾の近代化を進めた。

台湾には帝国憲法が、部分的にしか施行されなかった。選挙区が置かれなかったので、総選挙は実施されず、議会に代表を送れなかった。兵役の義務は免除されていた。陸軍特別志願兵の制度ができ、大東亜戦争末期の一九四四年には、徴兵制が施行された。

＊

台湾の人びとは、日本人（臣民）であった。天皇－台湾総督府－台湾の人びと、のヒエラルキーのもと、社会生活を送っていた。

日本がポツダム宣言を受諾したので、台湾は日本領でなくなることになった。復帰する先は中国（清朝の後継政府である中華民国）である。

本省人と外省人

国民党（中華民国）は、日本と戦っており、戦勝国だった。（中国共産党は、国共合作で日本と戦っていたが、中華人民共和国はまだ成立しておらず、戦勝国ではなかった。）台湾の人びとは、日本と戦っていたわけではない。

国民党軍が、大陸からやってきた。出迎えた台湾の人びとは、国民党軍があまりにみすぼらしいのでがっかりした。国共内戦が激化し、国民党は、台湾の物資や備品を、大陸に持ち出した。国共内戦に負けると、蔣介石の率いる国民党軍とその家族が大挙、台湾に逃げてきた。国民党（中華民国）は、すべての権力を握り、言語を中国語（北京語）にした。それまでの日本語と、台湾の人びとの言語（閩南語《みんなんご》＝福建省の方言）は、使うことができなくなった。

＊

大陸からこの時期に移ってきた人びとを、外省人、もとから台湾にいた人びとを本省人という。外省人は、人口の十数パーセントほど。人口の大部分を占める本省人は、無権利状態に置かれた。一夜にして、ラジオも新聞も外国語になってしまったようなものだった。

二・二八事件

国民党統治はとても評判が悪かった。一九四七年二月、台北市で生活のため闇でタバコを販売していた女性に警官が暴行を加えたことが発端で、本省人が集まり、二月二八日に当局と衝突した。騒乱は全台湾に拡がった。本土から国民党の援軍が到着し、徹底的に弾圧を加えた。事件に無関係な人びとを含め数万人あまりが不法に連行され、行方不明となった。殺害されたと思われる。連行されたのは学歴の高い知識人が中心で、そのリストは日本の特務警察の名簿が国民党に渡ったのではないかと言われる。

李登輝はこのとき、事件を逃れて身を隠したひとりだ。

二・二八事件の結果、本省人の運動は数十年にわたり停滞を余儀なくされた。事件は闇に葬られ、公然と語れるようになったのは、ようやく九〇年代以降である。九六年には台北の公園に、陳水扁《ちんすいへん》が二二八和平紀念館を開設した。

＊

台湾の人びとは五〇年にわたって皇民教育を受けてきた。『國體の本義』の神学の内部にいた。中国本土から来た外省人の人びとと、考え方や行動が一致しないのは当然だった。

台湾の民主化

台湾では、国民党の一党独裁が続いた。蔣介石のポストを、息子の蔣経国が継承した。

台湾の民主化の起点は、「党外人士」（国民党でない人びと）の活動である。地方都市では首長は、複数候補の立候補が認められていた。国民党の候補に混じって党外人士も立候補した。資金も組織もない。トラックに拡声器を積んで公園で演説を始めると、黒山の人だかりである。善戦し、当選するケースも出てきた。やがてこれらの人びとがネットワークをつくり、本省人を中心とする政党である、民進党へと発展していく。

＊

二〇年ほど前、台湾に調査に出かけ、民主化運動の草分けの時期に活動した党外人士の何人かにインタヴューを行なったことがある。なぜ、この運動を始めようと思ったのですか。印象だったのは、アメリカのサポートがあったと、複数が答えたことだ。アメリカ（ＣＩＡであろう）が情報や資金を提供して、民主化運動を支援したということだ。独裁政権のままでは、アメリカが台湾に関与し続けるのはむずかしい、という事情があったと思われる。

台湾では、民主化がうまく行った。民進党が、政権交替可能な野党として成長した。国民党が、トップの座を本省人の李登輝にバトンタッチして、国民党の改革と台湾化を成功させた。台湾の人びとが、「私たち台湾人」というアイデンティティを、確立した。

台湾の民主化が成功した客観的な条件のひとつとして、日本の統治（『國體の本義』の影響）があることは確かである。

＊

香港と台湾は似ているが、違いがある。
香港と中国（北京政府）とのあいだには、基本条約がある。イギリスと中国（もとは清国で、最後は中華人民共和国）のあいだの租借条約を改定して、香港を中国に返還する条約にしたものだ。これに対して、台湾と中国のあいだには、基本条約がない。中国は、台湾が中国の一部だと主張し、アメリカをはじめ多くの国々がそれを認めているが、では台湾が中国にどうやって復帰するのかの手続きを定めた条約がない。ゆえに、現状を武力で変更することに、国際社会は反対できる。

*

台湾と韓国・北朝鮮は、似ているだろうか。

朝鮮総督府

一九一〇年、日本は大韓帝国と日韓併合条約を結び、韓国を併合した。以後、一九四五年までの三五年間、朝鮮は日本の一部であった。日韓併合条約は、当時の国際社会も承認した合法で有効な条約である。（韓国は、日韓併合条約は不当で無効だ、と主張している。）
日本は、朝鮮に総督府を置き、総督が朝鮮を統治した。台湾と同様、選挙区が置かれず、議会に代表を送ることができなかった。（一九四四年には、勅撰議員を貴族院に送るようになった。）兵役は免除された。特別志願兵制度はあった。一九四四年に戦局が厳しさを増すと、朝鮮半島に、徴用令が施行された。朝鮮半島の人びとが、日本企業に動員された。徴用は、日本の法令にもとづく、合法的な手続きである。（韓国は、朝鮮総督府を正統と認めていないので、これは「強制」徴用であり、補償の対象だとしている。）

韓国と北朝鮮

朝鮮半島も、日本がポツダム宣言を受諾したので、日本ではなくなった。

朝鮮は、日本と交戦していたわけではない。戦勝国でもない。日本の統治時代、独立をかちとる力量のあるどんな組織も運動も存在しなかった。

韓国は、戦勝国であると主張して、サンフランシスコ講和会議に参加しようと試みたが、拒絶された。

（金日成は、満洲で反日ゲリラ闘争を継続し、朝鮮の拠点も攻撃した、と主張している。実際にはすぐ満洲を逐《お》われて、シベリアでソ連軍に組み入れられていた。）

台湾は、中国本土に、交戦国で戦勝国である中華民国があったので、統治権が中華民国に引き継がれることに議論の余地はなかった。朝鮮の場合、権力の空白が生じた。戦後処理について、連合国軍に事前の合意があったわけでもなかった。

＊

朝鮮半島の北半分をソ連が占領し、南半分をアメリカが占領した。南北統一の話し合いがつかず、ソ連は金日成の朝鮮民主主義人民共和国（北朝鮮）を、アメリカは李承晩の大韓民国（韓国）を成立させた。

一九五〇年に朝鮮戦争が始まり、半島全体を戦火に巻き込み、五三年に停戦が成立した。三八度線が、休戦ラインとなった。北朝鮮と韓国は、ともに半島全体の統治権をもつ政府であると主張している。一九九一年には、南北が国連に同時加盟した。

金王朝と主体思想

北朝鮮の体制は、マルクス・レーニン主義とも毛沢東の中国共産党とも異なっている。共通点もある。朝鮮労働党の一党独裁である。党が政府を指導する。主体《チュチェ》思想という独自の革命思想に従っている。などなど。

北朝鮮が特異なのは、社会主義圏で唯一、世襲によって政権を維持していることだ。金日成↓金正日↓金正恩。金王朝といわれている。

金王朝は、儒教の権力継承の伝統によるものと、しばしば言われる。確かに、儒教には、禅譲（血縁によらない抜擢人事による継承）と世襲（血縁のある子供への継承）の、二種類の継承方法がある。中国共産党は、毛沢東↓華国鋒↓鄧小平↓江沢民↓胡錦濤↓習近平、と「禅譲」によって最高ポストを継承した。それに対して、朝鮮労働党は、世襲によってポストを継承している。

しかし、北朝鮮が世襲なのは、むしろ天皇制の影響なのではないか、と思う。

＊

朝鮮半島は、近代化が遅れていた。社会全体が、儒教中国に適応して、むしろ適応しすぎていた。門中《もんちゅう》組織、両班《ヤンバン》、…。産業も教育も社会インフラも、建設が進まなかった。ネイションが形成されていなかった。

日本に併合されて、それらが始まった。摩擦もあった。だがそれは、近代化だった。民生は向上し、人びとは日本の一部としての扱いに慣れて行った。

人びとが受けたのは、皇民教育である。その仕上げは『國體の本義』の皇国主義である。天皇を中心に、人びとは平等に、それぞれの場所で、任務を果たす。それが、人びとの生活の意味である。こう考え、行動する人びとの集団、すなわちネイションが形成される。

しかし、このネイションは、朝鮮半島の人びとのものではない。朝鮮半島はもともと、独立していた。その独立を喪った。そして、他国の君主（天皇）のもとに、編入された。差別があり、大日本帝国のなかの「二級」市民でしかない。

あったことにされた革命

平壌に金日成が登場したのは、ソ連の後押しである。パルチザンを率いて戦った、救国の「金日成将軍」として登場した。革命によって朝鮮が独立を回復した、という神話ができあがった。

こうして築かれたのが、大日本帝国に代わる、言うならば大朝鮮帝国である。天皇の代わりに、首領さま。皇軍の代わりに、人民軍。大政翼賛会のかわりに、労働党。日本が残した産業施設を受け継ぎ、国有化した。社会主義と総動員体制のミックスである。

北朝鮮をおよそ二〇年前、訪れたことがある。列車に乗ると両側の石垣は、見慣れた国鉄積み（菱形の石を隙間なく積み上げていく工法。東京の山手線にもあちこちに残っている）である。小学校の校庭の体操も、部屋の掃除の仕方も、日本式である。大日本帝国の一部がちぎれて、タイムスリップしたかのようである。

＊

『國體の本義』にあたるのが、主体思想である。

北朝鮮の進める革命は、マルクス・レーニン主義の流れを汲むものの、朝鮮ナショナリズムの国家建設である。朝鮮の独自性の、源泉が必要である。日本の天皇は、アマテラスに繋がる神話をもっている。金日成にも、それに匹敵する神話が必要だ。だが、血統を持ち出して誇るわけには行かない。

そこで、主体思想の登場である。これを考えた黄長燁《ファン・ジャンヨプ》は、日本で教育を受け、モスクワで哲学を学んだ思想家だ。首領が、マルクス・レーニン主義を創造的に発展させ、朝鮮を指導する原理を導き出した。その首領への献身を重視するところが、天皇を戴く皇国主義と似通っている。

主体思想は、朝鮮の人びとをそのあらゆる場所で、献身に動員する。実際に、農作業や労働に、動員されもする。主な物資は配給で、人びとの生活も社会活動も、すべて国家目標のためにある。

朝鮮労働党も、人民武力部も、警察や秘密警察も、国家目標に奉仕する。主体思想を掲げた建設は、貧弱な革命の神話を補う、輝かしい国家建設のストーリーである。

＊

冷戦が終わり、朝鮮半島の情勢は変化した。北朝鮮の体制は、国際共産主義運動と無関係であることが、いよいよはっきりした。金日成→金正日→金正恩、と血縁によって正統性が継承されたのは、天皇制と重なる。首領が、『國體の本義』の皇国主義にいう、天皇の位置を占めていることがわかる。

金正日、金正恩は、乏しい資源を残らず投入して、核開発を進め、原爆と運搬手段の開発に成功した。核兵器は、かつて大日本帝国が、アメリカの攻勢をはねのけるために開発を念願した最終兵器ではなかったか。核開発の成功は、北朝鮮の国家建設の、輝かしい達成だとされている。

迷走するナショナリズム

韓国は、これに対して、ナショナリズムが屈折に屈折を重ねている。

初代大統領となった李承晩は、日韓併合前からの独立運動家だ。併合されるとアメリカに渡り、プリンストン大学で博士号をとり、のちの大統領ウッドロー・ウィルソンとも交流した。ハワイから、米軍占領軍政下の韓国に帰国し、左派や中道派の組織が乱立するなか、一九四八年の大韓民国の成立とともに、アメリカの後押しで大統領に就任。反共と北進統一を掲げるも、政治手法は独裁的で、朝鮮戦争後も経済はふるわず、失政を重ねて、一九六〇年にアメリカ亡命を余儀なくされた。

李承晩は、日本統治時代に韓国を不在にしていて、金日成と同様、統治の正統性があやふやである。それでも、選挙によって、大統領の地位についている。

今日につながる反日運動の種をまいたのも、李承晩だ。

＊

朴正熙は、満洲国の士官学校、日本の陸軍士官学校で学んだ軍人。李承晩退陣後の混乱のなか、軍を率いてクーデターを起こし、実権を握った。一九七九年に暗殺されるまで、大統領をつとめ、独裁的な権力を握った。

朴政権は一九六五年、日韓基本条約を結び、無償3億ドル、有償2億ドルの賠償をえて、経済成長のスタートを切った。反共政策を進め、左派の学生運動を弾圧した。政敵の金大中を、日本のホテルから誘拐する金大中事件を起こした。

朴正熙のクーデターは、二・二六の青年将校の決起とよく似ている。二・二六は失敗したが、朴正熙は成功した。朴正熙は、皇国主義の教育を受け、満洲国でも過ごしている。共に決起した将校らは、貧窮した農村の出身者が多かったという。ただ、朴正熙には、皇道派の将校が仰いだ天皇の存在が欠落している。反共や反日は、その欠落をめぐって生まれる、情動ではないのか。

なぜ反日なのか

台湾も、韓国も、開発独裁といわれる一時期を経たあと、軍政から民政への移管を果たした。けれども、台湾と韓国では、政治のスタイルが異なっている。

台湾は、外省人（国民党）から本省人（民進党）への政権移行という、郷土主義のナショナリズムのかたちをとった。大陸の共産党政権に対抗するという、幅広い合意と、アメリカの後押しもあった。日本統治時代の台湾人としてのアイデンティティが、民主政治の底流になっている。

＊

これに対して韓国は、戦後処理のトラブルでやむなく、北朝鮮と分裂してスタートした。韓国にはいまも、南北の民族統一の期待が根強く、反共・反北朝鮮の声と世論を二分している。朝鮮半島の南半分だけで、ネイションを形成してよいのか、意見が固まっていない。国内にはさまざまな見解があり、政権はそれを強権的に押さえ込む。政権が交代すると、前政権への報復が起こる。台湾には見られない現象だ。

ドイツは東西に分裂した。西側とソ連の、占領地域がそのまま国家となった点は、韓国／北朝鮮の場合と同じである。西ドイツは、西側だけがネイションを構成することに、疑念がなかった。西ドイツは、独立国家ドイツの正統な後継者である。ワイマール共和国もドイツ帝国も、独立国だった。敗れてもネイションが存在することに、疑いはない。そして、自由と民主主義の価値観に、しっかり立脚している。よって、反共を棚上げして東西の民族統一を優先するような論調は、まったく説得力がなかった。韓国の場合とは対照的だ。

＊

反日は、韓国が自国の人びとをネイションとしてまとめあげる、マジックワードだ。歴代の韓国政権は、日韓併合条約を、不法で無効だとしている。この併合は、戦争によるものではない。抵抗を押し退けて軍事占領したものでもない。混乱して統一国家の体裁をなさなくなった当時の政府が、日本と合意して結んだ条約だ。ネイションを守ろうとした実体が不在であることを意味する。だから歴史的事実であっても、認めるのが困難なのだ。

日本の敗北の直前に、独立勢力が臨時政府を樹立して、日本と独立を認める条約を結んだのであれば、こうしたタイプの反日感情は残らなかったろう。あいにく日本は無条件降伏をして、外交権を喪失した。あるいは、日本の敗北のあと、連合国と独立を認める条約を結ぶのでもよかった。あいにく、そういう条約を結ぶチャンスはなかったのである。

国体の残滓

大日本帝国が敗れて、版図に権力の空白が生まれた。その地域には、もと日本国民だった人びとが、後継の国家を成立させた。そのネイションの形成に、『國體の本義』の皇国主義が、影を落としているとみえる。

台湾、北朝鮮、韓国の近代化にかかわる重要人物三人――李登輝、黄長燁、朴正熙――はそれそれ、皇民教育を受け、皇国主義を体得した世代の人びとだ。そして、大日本帝国の磁力圏を抜け出したあと、自分なりの独自な努力によって、ネイション形成に力を尽くしている。そこに、国体の影を認めることができる。

大日本帝国で機能した国体の考え方は、天皇を中心に回っていた。台湾でも、北朝鮮でも韓国でも、天皇が取り去られて空虚が残った。空虚を空虚のままにして、ネイションを結びつける磁力を働かせることができたのか。そうした観点から、これら東アジア諸国の近代化のプロセスを、考察することができると思うのである。

結論

『國體の本義』を取り上げ、天皇親政説と皇国主義を取り上げたのは、なぜか。

それは、昭和の人びとがなぜ、国体論に巻き込まれ、皇国主義に対して沈黙したのか、を考えるためである。人びとの思考を麻痺させ、抵抗を無力にさせるメカニズムを、明らかにするためである。

何に負けたのか

日本は、大東亜戦争に負けた。対英米戦争に負けた。負けるとわかっている戦争を始め、負けた。

であるなら、問題は、負けたことよりも、このような非合理な戦争を始めたこと、のほうにある。非合理な行動の原因を取り除かなければ、もう一度、非合理な行動をする可能性が高い。

＊

人びとは、戦争に負けた、と言う。戦争はもうこりごりだ、と言う。そこで、戦争を忌避する。

だが人びとは、「戦争に」負けたのだろうか。

人びとは、軍部が戦争の張本人だ、と言う。軍部が日本を牛耳った、という。そこで、軍を忌避する。だが人びとは、「軍部に」負けたのだろうか。

人びとは、戦争に負けたのでも、軍部に負けたのでも、ない。人びとは、皇国主義に負けたのだ。皇国主義の「ロジック」に負けたのだ。皇国主義に巻き込まれ、それを解除できなかった。

皇国主義は、病理である。ナショナリズムにとりついた、ガン細胞である。政府の判断を誤らせ、破滅に突き進む。

＊

皇国主義の正体をつきとめ、解除すること。本書が目標としたのは、これだ。

もうひとつの病気

皇国主義の、裏返しの病理もある。

ある種類の人びとは、何であれ、政府に反対する。ともかく、権力に反対する。市民は権力に反対するものだと言う。（国民が主権者であるなら、権力を自覚的に手にしていなければならないのに、奇妙なことである。）

また、ネイションに反対する。ネイションは「想像の共同体」だと言う。歴史的に、さまざまな仕組みによって、形成されたにすぎないと言う。日本国があるのは、思い込みだと言う。ナショナリズムには、関わらないのが正しい、と。

たしかに国家は、共同幻想かもしれない。日本円だって、共同幻想であろう。でも、日本円でものを買うことができる。国家は税金を集め、年金や医療保険を維持している。国家は、幻想かもしれないが、現実なのである。人間は、幻想とともに生きているかもしれないが、そうやって現実を生きている。

ネイションが幻想だと言って、現実と距離を取り、批判した気になる。病気である。人間がよりよく生きるための、なんの足しにもならない。

＊

そういう病気になる理由は、皇国主義を反省し、恐れているからであろう。

皇国主義を、なんとかしたいという直感は正しい。

皇国主義は、個人主義に反対した。個人のことなど後回しにして、国家のため、国体のために献身しよう、と主張した。これには、こりごりだ。

だから、そうならないために、およそ国家やネイションや公共的な領域から、距離を置くのだと言う。「花火大会に行ったら雨に降られたから、二度と花火大会に行かない」と言っているようなものではないのか。

普遍主義は有効か

皇国主義は、個人主義に反対した。欧米の掲げる普遍主義（自由や民主や人権や…）に、むやみに同調してはいけないとした。個人の尊厳や、普遍的価値を掲げれば、皇国主義に対抗できるのか。

明治には、自由民権運動があった。大正から昭和にかけては、十分に発達した、自由主義も民主主義もあった。合理工義もあった。それらは、国体明徴運動の標的にされた。

個々人の自由や権利や、個々人が信じる普遍的価値が、権力の横暴に対する抵抗の根拠として有効なのは、その自由や権利を、神（God）が与えた、という大前提があるからである。神が与えたものであるから、人間（政府）が、それを奪うことはできない。自由や権利の源泉は、神なのである。

＊

すると、社会全体がキリスト教の文脈で包まれているわけではない、日本の場合、同じ論法が成功するか、が問題になる。皇国主義は、それと正反対の文脈（アマテラスが、国土と天皇と人びとをうみだした、というストーリー）に支えられているからである。

＊

キリスト教徒の内村鑑三は不敬事件で、第一高等中学校の教師の職を逐われた。「ふたつのJ」（JesusとJapan）を唱えた。どちらも大事だという。では、二つのJの関係はどうなっているのか。イエスは普遍性だが、日本は特殊性（ローカル）。生煮えのまま併存していて、すっきりしない。皇国主義にはとても対抗できないだろう。

仏教は、皇国主義に対抗できなかった。

自由主義者も、民主主義者も、社会主義者も、皇国主義に対抗できなかった。共産主義者でさえ、対抗できなかった。

日本の人びとは、さまざまな普遍的価値を信じている。けれどもそれが、社会の圧力をはねのけて、人びとにしかるべき抵抗の拠点を与えるのはむずかしいのである。

皇国主義に内在すれば

皇国主義に対抗するやり方としては、皇国主義に内在して、皇国主義の欠陥をつくという方法もある。

たとえば、皇国主義は、世界の成り立ちをどう説明するか。アマテラスは、太陽の神である。神々や、国土（豊葦原瑞穂国）をうんだ。が、外国の土地や、外国の人びとをうまなかった。古事記・日本書紀のどこを読んでも、外国のことは出てこない。それなら、皇国主義から、国際社会のなかで日本だけが特別だという主張を導くのはむずかしい。外国には外国の神がいて、外国の人びとは自国が世界でもっとも価値がある、と思ってもよいのだ。

本居宣長もこの点を、いちおう気にしてはいる。外国がどうやって生まれたか、書いてない。海のあぶくからでも生まれたのではないか、と言っている。（『古事記伝』五之巻（神代三之巻、全集第九巻二〇二頁）で、アマテラスが生んだと古事記に書いてある以外の陸地について、日本書紀に「處々小嶋、皆是潮沫凝成者矣、亦曰水沫凝而成也」とあるのを引いて、小島に限らず外国の大きな陸地も、そうした小島と同じではないか、としている。推測しているわけで、確証があるわけではない。）

＊

宣長は、『古事記伝』の、日本のローカルなあり方（特殊性）が、同時に世界でもっとも優れたあり方（普遍性）でもあるという考え方の、矛盾と問題点を自覚していた。それを正当化しようと、苦労して議論もしている。

宣長は、空想的に外国と対峙し、それを漢意（からごころ）として排除すればよかった。明治以降の日本は、現実的に外国と対峙している。西欧諸国からの影響は、漢意のように、ただ排除すればよい、というものではない。矛盾は深まっている。

醇化と純化

『國體の本義』のキーワードのひとつが、「醇化」である。西欧の進んだ科学技術や文化を、積極的に吸収すること。しかしそこにはフィルターがあって、日本の同一性を失わないように、取捨選択すること。吸収したものは、日本の一部にうまく組み込んでしまう。そのようにして、外部世界にキャッチアップすることが、日本の活力の源泉である。

これは、外部世界に圧倒される、弱者の論理である。しかし同時に、弱者でありながら、日本は外部世界にない優れた本質をもつ、と言う。劣位と優位の、不可思議な取り合わせが「醇化」という概念である。

醇化は、したがって、普遍的な（誰でもが採用できる）方法にはなりえない。そもそも世界の最先端の、最強国は、こんなやり方をしない。『國體の本義』は最初から、敗北宣言をしているのである。

天皇も同じである。

＊

日本の同一性を保証する核が、天皇である。天皇は、日本にいて、日本以外のどこにもいない。純然たる日本の象徴である。ではその、純化の果てに、なにがあるか。なにもありはしない。それは、普遍性と特殊性のハイブリッド。醇化（外国の文物・情報の吸収）の作用の裏側に結んだ、幻なのだ。

皇国主義をほどく

皇国主義が、危機の時代の日本を呑み込んだことには、必然性があったと思う。国際社会との共存の道を見失った危機の時代。自国の存在理由と他国の存在価値を見失った時代。自国に都合のよいローカルな秩序のイメージは持てても、あるべき世界秩序についての構想が描けなかった時代。

皇国主義は、自国が直面する特殊性と普遍性の関係を、解ききれなかった中途半端な思考の産物である。

＊

では、現在の日本は、自国が直面する特殊性と普遍性の関係を、うまく解けているのか。自国に都合のよいローカルな秩序の像を描けても、あるべき世界についてのイメージと、それに至る道筋を描けていないのではないか。

それが描けない限り、思考は中途半端となり、皇国主義の縮小再生産に陥る。親米と反米のあいだを揺れ動き、見えないアメリカ大権に振り回される。

*

『國體の本義』を読み直すと、いつか来た道に思いあたる。そして、いまの時代の課題がみえてくる。

父祖の世代が真剣に考え、真剣に生きた証を、本棚の奥にしまったままではいけない。

あとがき

私は戦後の生まれである。皇国主義が人びとを呪縛していた日々の実体験はない。

兄や姉たちは、私よりひと回り年長で、そのころの記憶を刻んでいる。「少国民」と呼ばれ、農作業にかり出された。列をつくり歌を唱って登校した。歴代天皇の名前や教育勅語を覚えさせられた。「夫婦愛和し」は「夫婦はイワシ」、「海ゆかば」はカバの歌だと思っていた。戦争が終わると教科書に墨を塗らされた。

その頃の写真をみると、私の母は、割烹着に「大日本国防婦人会」のタスキをかけている。皇紀二千六百年の奉祝行事の写真もある。

*

あの時代は何だったのだろうか。背伸びをして、アメリカを相手に戦争を始めた。勝てないとわかっていたはずだ。宗教のように奇怪な信念にとらわれ、非合理な行動に突き進んだ。

いま世界には、北朝鮮のように、核兵器を手にアメリカとにらみ合っている国がある。皇国主義と似たような、奇怪な信念にとらわれているとも言える。危険このうえない。日本の事例が参考になるはずだ。

＊

『國體の本義』は、ずいぶん前から気になっていた。図書館でコピーをとって、手元に置いていた。かつて日本をとらえていた皇国主義を理解するには、この本がいちばんよい。

皇国主義のルーツを探るため、『丸山眞男の憂鬱』(二〇一七)、『小林秀雄の悲哀』(二〇一九)の二冊を書いた。前者は江戸朱子学がうみだした尊皇思想、後者は国学が育てた尊皇思想をテーマとする。これだけの準備をして、『國體の本義』を読み解いた。

＊

『國體の本義』には、佐藤優氏による詳細な読解がある。『日本国家の神髄――禁書『国体の本義』を読み解く』(扶桑社新書、二〇一四年)である。キリスト教神学に精通した佐藤優氏の著作で、期待して読んだ。肩すかしの感じがあった。『國體の本義』を前向きに読み解く本だった。教育勅語について、「よいことが沢山書いてあります」と書いてあったら、どう思うだろう。そうかもしれない。でも「それをなぜ、天皇に教えてもらわなければならないのか」という疑問を、掘り下げてほしいと思わないだろうか。佐藤優氏の本に納得していたら、私はこの本を書かなかったろう。だから本書は、佐藤優氏の仕事の裏ヴァージョンでもある。

＊

本書の原稿は、二〇一九年の春に書き上げ、さてどこの出版社に相談したものだろうかと考えた。そんなとき、二つ返事で引き受けてくれたのが、筑摩書房編集部の石島裕之氏である。『國體の本義』からの引用は旧字旧かなでお願いします、という無理なお願いにもＯＫをもらい、てきぱきとスムースに作業を進めていただいた。校閲担当者（フリーランスの田村眞巳氏）にも超人的で周到なサポートをいただいた。記して感謝したい。

本書を、いちばん読んでもらいたいと思っていた畏友・加藤典洋さんに捧げたい。加藤さんは二〇一九年五月に亡くなっている。長年の交流に感謝している。

二〇二〇年一月

著者しるす

参考文献

文部省　一九三七『國體の本義』文部省
三浦藤作　一九三七『國體の本義精解』東洋圖書
文部省　一九四一『臣民の道』文部省　↓二〇一八『文部省　国体の本義　臣民の道』（呉ＰＡＳＳ復刻選書34）、呉ＰＡＳＳ出版
板坂剛　二〇一七『三島由紀夫は、なぜ昭和天皇を殺さなかったのか』鹿砦社
伊藤博文　一八八九『帝國憲法皇室典範義解』國家學会
猪瀬直樹　一九八三『昭和16年夏の敗戦　総力戦研究所〝模擬内閣〟の日米戦必敗の予測』世界文化社
↓二〇〇二『日本人はなぜ戦争をしたか』（日本の近代　猪瀬直樹著作集8）小学館
↓二〇一〇『昭和16年夏の敗戦』中公文庫
大澤真幸　二〇一八『三島由紀夫　ふたつの謎』集英社新書
加藤典洋　二〇一五『戦後入門』ちくま新書
――――　二〇一九『9条入門』創元社
加藤典洋・橋爪大三郎・竹田青嗣　二〇〇〇『天皇の戦争責任』径書房
小室直樹　一九九〇『三島由紀夫と「天皇」』天山文庫
――――　一九九六『三島由紀夫が復活する』（ＭＹＣＯＭムック）毎日フォーラム　↓二〇一九　新書

版、毎日ワンズ
佐藤優　二〇〇九　『日本国家の神髄――禁書『国体の本義』を読み解く』扶桑社　→二〇一四　扶桑社新書
白井聡　二〇一三　『永続敗戦論』太田出版
――　二〇一八　『国体論　菊と星条旗』集英社新書
鈴木宏三　二〇一六　『三島由紀夫　幻の皇居突入計画』彩流社
橋爪大三郎　二〇〇〇　『こんなに困った北朝鮮』メタローグ
――　二〇〇三　『永遠の吉本隆明』洋泉社新書y　→二〇一二　増補版、洋泉社新書y
――　二〇一七　『丸山眞男の憂鬱』講談社選書メチエ
――　二〇一九　『小林秀雄の悲哀』講談社選書メチエ
橋田邦彦　一九三九　『行としての科学』（山極一三編）岩波書店
橋本治　二〇〇五　『「三島由紀夫」とはなにものだったのか』新潮文庫
本居宣長　一七六四―一七九八　「古事記伝」（全四四巻）　→一九六八　「古事記傳一」『本居宣長全集第九巻』筑摩書房
――　一七七八　「馭戎慨言」　→一九七二　「馭戎慨言」『本居宣長全集第八巻』筑摩書房
――　二〇〇九　『馭戎慨言――日本外交史』（現代語訳本居宣長選集第二巻）山口志義夫翻訳、多摩通信社
山本七平・小室直樹　一九八一　『日本教の社会学』講談社　→二〇一六　ビジネス社

橋爪大三郎 はしづめ・だいさぶろう

一九四八年生まれ。東京大学大学院社会学研究科博士課程単位取得退学。社会学者。東京工業大学名誉教授、大学院大学至善館教授。主な著書に『はじめての構造主義』（講談社現代新書）、『言語派社会学の原理』（洋泉社）、『世界がわかる宗教社会学入門』（ちくま文庫）、『政治の教室』（講談社学術文庫）、『面白くて眠れなくなる社会学』（ＰＨＰ研究所）、『橋爪大三郎コレクションⅠ～Ⅲ』（勁草書房）、『丸山眞男の憂鬱』『小林秀雄の悲哀』（ともに講談社選書メチエ）、『政治の哲学』（ちくま新書）、『4行でわかる世界の文明』（角川新書）など多数。大澤真幸氏との共著に『ふしぎなキリスト教』『げんきな日本論』（ともに講談社現代新書）、『ゆかいな仏教』『続・ゆかいな仏教』（ともにサンガ新書）、『アメリカ』（河出新書）などがある。

筑摩選書 0186

皇国《こうこく》日本《にほん》とアメリカ大権《たいけん》 日本人《にほんじん》の精神《せいしん》を何《なに》が縛《しば》っているのか?

二〇二〇年三月一五日 初版第一刷発行

著者 橋爪大三郎《はしづめだいさぶろう》
発行者 喜入冬子
発行所 株式会社筑摩書房
東京都台東区蔵前二-五-三 郵便番号 一一一-八七五五
電話番号 〇三-五六八七-二六〇一（代表）
装幀者 神田昇和
印刷 製本 中央精版印刷株式会社

ISBN978-4-480-01694-2 C0331